公益社団法人成年後見センター・リーガルサポート　主催

令和6年度権利擁護支援シンポジウム

「チームによる権利擁護支援を考える ～権利擁護支援チームの役割と今後の方向性・課題～」

参加しました

　令和7年3月7日㈮、AP東京八重洲11階K+L+Mルームおよびオンラインで公益社団法人成年後見センター・リーガルサポート（以下、「LS」という）主催の標記のシンポジウムが開催された。
　プログラムは、基調講演四つとパネルディスカッションである。

▶基調報告
　基調講演1は、稲吉江美成年後見制度利用促進専門官（厚生労働省社会・援護局地域福祉課成年後見制度利用促進室）から、「中核機関に期待される『権利擁護支援チームの形成支援・自立支援』機能と専門職との連携」、基調報告2（ビデオ報告）は、遠藤圭一郎最高裁判所事務総局家庭局第二課長から、「中核機関による受任者調整と適切な後見人等の選任・交代―権利擁護支援チームの形成支援の視点から―」の報告がなされた。休憩をはさみ、基調報告3は丸山広子専門相談員（社会福祉法人上尾市社会福祉協議会上尾市成年後見センター）から、「上尾市社協における『権利擁護支援チームの形成支援・自立支援』の実践」、基調報告4は、中野篤子LS常任理事から、「権利擁護支援チームにおける後見人の役割」の報告がなされた。

▶パネルディスカッション
　パネルディスカッションは、「チームによる権利擁護支援を考える」をテーマに、丸山氏のほか、秋野美紀子氏（社会福祉法人新城市社会福祉協議会相談支援課長兼新城市権利擁護支援センター長）、安樂美和LS利用促進法対応委員会委員をパネリストとして、アドバイザーに安藤亨氏（豊田市福祉部よりそい支援課地域共生・社会参加担当長）を迎え、西川浩之LS副理事長をコーディネーターとして進行した。
　パネルディスカッションは、中核機関の役割・機能として、大きく①支援チーム形成支援、②受任者調整・事前面談、③チーム形成後の支援、④支援チーム内での苦情対応、⑤支援チーム形成支援・自立支援の課題、⑥権利擁護支援チームのこれからにテーマを分けて進んだ。
　①では、すでにある支援チームに専門職が加わることの難しさや、制度利用ありきではなく支援検討会議を経てから権利擁護の必要性を判断していること、チーム内での共通言語の必要性や成年後見制度への期待や考え方を把握することの重要性などが述べられた。②では、申立て前に本人の情報や課題、役割分担が整理され、支援方針が明確であれば、報酬の見込みにかかわらず引き受ける専門職はいることや、本人との頻回の面会や第2、第3候補者を出すなど、詳細な検討をしていることが述べられた。③では、専門職から、本人以外の家族等から家族の支援を求められることがあり、複合的な課題がある場合にはチームからの中立的な立場での支援を求めたいとの意見があった。④では、苦情はコミュニケーション不足、説明不足、制度の理解不足に一定の原因があることは否定できず、中核機関には中立的な立場で交通整理をする場を用意してもらいたいとの期待が寄せられた。⑤では、中核機関の関与がないまま申立てがなされると、チーム支援がないまま中核機関として介入してよいかの悩みがあること、チームが一人歩きして本人が一人ぼっちと感じるのではとの問題意識が述べられた。また、第二期基本計画以降に自治体間の取組みの差が浮き彫りとなっており、国へ向けて中核機関の立ち位置の周知や、法律上の整備が必要との意見が出た。最後の⑥では、①～⑤のそれぞれに意義があり、中核機関による支援は、裁判所の適切な選任・交代の基礎となる意義を再確認して終了した。（編集部）

　本シンポジウムの様子は、6月30日㈪まで配信されている。

成年後見チャットルーム
第7回
～こんなとき、どうしてる？～

テーマ：本人の収支赤字を解消する義務はあるか

委員A 本人の収支が赤字のときにはどのように対処していますか。本人の財産が潤沢かにもよるとは思いますが、潤沢であったとしても、収支の赤字を改善する必要はないでしょうか。

委員B 私が保佐人を務めている若い女性ですが、携帯をもつようになってから、収支が赤字になりました。このまま続くと、1年後にはお金がなくなりますよ、とはっきり伝えています。毎月これくらいまでならOKという金額を伝えて、どうしても足りないときに追加してお金を渡しています。

委員C 本人には知的障害があって、生活保護と障害年金を受給していましたが、自宅を売却することになりました。売却代金が2000万円入ったものの、生活保護は廃止となり、本人はアパートに住んでいます。毎月の収支は赤字なのに、本人には2000万円入ったことが頭にあり、推しているアイドルグッズの購入にお金を使い過ぎてしまいます。本人はまだ50歳代でこれから長い人生があります。毎月何とかこの金額の範囲内で生活しましょう、と話し合いましたが、頻繁に「お金が足りない」とメールが入ります。月1回まとめて生活費を渡すとすぐに使ってしまって足らなくなり、かといって毎週小分けにして渡すと、1回あたりの金額では本人が欲しいアイドルグッズが買えません。本人はお金を貯めてから欲しいものを買う、ということができないのです。なので、お金の渡し方をいろいろ工夫しようと思っています。

委員D 本人は、統合失調症で自宅で生活しています。母親が死亡した際に、1000万円の遺産が本人に入りました。収入は障害年金のみなのですが、お金の使い方が半端なく、どんどん預金を切り崩している状況です。所持金が尽きた、と毎日のように電話がかかってきます。財産目録や収支報告書をみせて説明してはいるのですが、「今」だけに関心があり、将来のことには関心を示しません。

本人の預金は現在100万円を切ってしまいました。このように、預金があっても目減りが早いとき、保佐人としては、生活費の金額を制限すべきなのでしょうか。本人の年金収入内に支出を抑え、財産を減らさないようにする義務があるものか悩んでいます。

委員B 本人に制限をかけようとしても、本人が自由に生活したいという気持ちは変わらないし、なぜ制限がかけられるのか理解できないのでしょう。成年後見人等が「100万円しかない」と考えているときに、本人は「100万円もある」と思っているわけですから。

成年後見人等が制限をかけることができなければ、本人の財産が底を突いたとき、そこからスタートせざるを得ないでしょうね。生活保護となったときはあらためて考えよう、ということもやむを得ないのかもしれません。

委員A 本人に知的障害があり、寝たばこで自宅と自家用車が全焼してしまい、保険金が2000万円ほど入ったケースがあります。本人は現在入院中で、病院からは退院を急かされているのですが、退院先のアパートがなかなかみつかりません。生活保護を受給していましたが、打ち切りになります。住むところがみつからないような状況でも、金遣いが荒く、ガールフレンドにかなりの金額を渡したりもしているようです。喫煙やパチンコ通いについても今後どこまで本人の恣意に任せるべきなのでしょうね。

委員D 本人は、本当に成年後見人等からの支援が必要だと思っているのでしょうか。自分のお金を自由に使えないことは、本人にとっては大きなストレスですよね。もちろん、お金以外の支援も必要ですが、かといって、お金のことについては放置してよいのかという葛藤もあります。何のために私たちが選任されたのかを考えなくてはなりませんし。

委員C 成年後見人等としては、収支状況を把握して本人に説明し、生活費についても必要だと思われる助言をする。ただし、本人のお金だから、基本的には本人の判断に任せ、本人が「困った」ことを実感し始めたときに支援せざるを得ないでしょうか。最大限本人の意思を尊重し、かつ将来を見据えることが必要となるでしょうね。この「将来を見据える」ということが、成年後見人等の役割だと思います。

（司法書士　市川　道子・いちかわ　みちこ）

速　報

速　報

法制審議会民法（成年後見等関係）部会（第14〜第16回会議）の概要

【第14回】

　令和7年2月4日㈫、法制審議会民法（成年後見等関係）部会第14回会議が開催され、法定後見の⑴開始の要件および⑵効果並びに⑶終了について三読目の調査審議が行われ、今夏に予定されている中間試案の取りまとめに向け、広く国民に向けた提示ないし説明の仕方も含めた議論が交わされた。提出された意見の一部を以下に紹介する。

　⑴については、「個別に権限を付与するのであれば、開始の審判は不要」「事理弁識能力を欠く常況にある人について別類型を認めるとしても、あくまでそれが例外であることを明確に位置づけるべき」「『個別の法律行為』には、『不動産（全部）の管理』『銀行取引』等が含まれるので、たとえば『事項を特定した法律行為』と表現すべきではないか」「単品料理を一つひとつオーダーするのではなく、コース料理を頼みたい（そのほうがレストランの利用の目的にかなう）ということもあるのではないか」「『事理弁識能力を欠く常況にある者』のイメージが共有されていないのではないか」「同意能力のない本人の保護の発動の要件について、『重大な不利益』よりも少し広い概念であると考えられる『著しい不利益』があるときとすることはどうか」「判断能力を欠く常況にある人のために保存行為、受動代理等の代理権限が不要とはいえない」「社会におけるコンセンサスなしで、障害者権利条約(国連障害者権利委員会)にいわれているというだけで、議論を進めるべきではない」等の意見が提出された。

　⑵については、「取消権は本人が行使するのが原則だが、保護者による取消権の行使が必要となることもある。家庭裁判所の許可を要するという考え方はあり得る」「第三者による取消権の行使は裁判所の事前審査にはなじまない」「保護者は代理権がある場合にのみ取消しができるという形がよい」「同意権は事前の意思決定支援と位置づけることが適当」「以前は保佐人には取消権がなかったところ、平成11年改正で保佐人に取消権を付与した。保佐人への取消権の付与を否定するのであれば、それなりの理由づけが必要」「消費者被害の観点からみると、同意権・取消権の付与には抑止効果がある」「相手方の催告権の効果をどうするのか。本人の『保護』と『意思（の尊重）』との緊張関係の整理の仕方が現行法とは変わると規律のあり方も変わるのではないか」等の意見が出た。

　⑶については、「終了後の支援者の意見が家庭裁判所に届くしくみが必要」「終了の要件を検討する際に、どのような場合に補充性を欠くと考えるのかを整理する必要がある」「親族間対立がある案件では4親等内の親族により取消しの審判の申立てが繰り返されることが懸念される」「市町村長に取消しの審判の申立権限を認めたほうがよい」「『取消しの審判』ではなく、『終了の審判』と表現したほうがよいのではないか」「取消の審判の申立てをすることができるのは、開始の審判をした市町村長に限られるのか」「医学的な知見とは別の資料として、『終了版の本人情報シート』を保護の必要性の消滅の判断資料とすることは考えられる。社会モデルに立脚した資料を裁判所が求めること自体は否定されないはず」「期間を設定する趣旨は、法定後見を終了する事由が存在していないかを定期的に確認することにあるのか、それとも法定後見の利用を最小限にするためなのか。それを明らかにする必要がある」「人の状態は一律ではないのだから、裁判所が最初の段階で適切

速報

な期間を定められるとは限らない。裁判所が期間を必要的に定め、その期間の経過により自動失効するとすれば、本人保護をないがしろにすることになる」「審判に期間を設けるのであれば、期間の経過により当然に終了するとするしかない。当然に終了しないとすると、それは期間の問題ではなく、保護者の終了させる義務の問題ではないか」「見直しの手続をする義務を負う者は、保護者のほか、本人を含むことも考えられる。職権による見直しの手続も認めるべき。更新をするつもりはないということを、保護者の意向として定期報告に記載する運用は考えられる。裁判所の更新・終了の判断に対する不服申立てを認めるべきかを議論すべき」「期間満了後に一定の手続（取消しの審判）を経て終了させることが、取引の相手方にとっても、安心感につながる。銀行の代理人カードは、一定期間経過後に自動失効する仕様にはなっていない。一定の期間の経過により保護者の権限が自動失効すると、エラーが生じやすくなる」等との議論が交わされた。

（司法書士　西川　浩之・にしかわ　ひろゆき）

【第15回】

令和7年2月25日㈫、法制審議会民法（成年後見等関係）部会第15回会議が開催され、⑴保護者の交代、職務・義務および死後事務、並びに⑵制限行為能力者の相手方の催告権、意思表示の受領能力および制限行為無能力者の詐術について、三読目の調査審議が行われ、たとえば医療同意については広く国民の意見を問うのが望ましい等、中間試案の取りまとめやパブリックコメントの実施に向けた整理も含む議論がされた。

保護者の交代については、保護者と本人との間に不和が生じた場合や本人の利益のため特に必要がある場合を念頭において解任事由を広げる考え方を支持する意見が多数提出されたが、他方で、本人との不和等により本人に不利益が生じている場合は、後見人の能力不足により交代が求められているケースであり、現行法の解任事由のうち、「その他後見の任務に適しない事由があるとき」、場合によっては「著しい不行跡（があるとき）」でカバーされるはずなので、そのことを明確にしたうえで、欠格事由となるのは「不正な行為」があったときに限定すれば、現行法の解任の規律を広げる必要はないとの意見も主張された。

財産の調査と目録の作成に関しては、最終的には本人の財産をひととおり調査する（義務ではなく）権限を認めるべき等の意見、民法858条に関しては、善管注意義務に埋没しないような形で本人の意思の尊重を明確にすべき、身上配慮義務に関してはチーム支援の考え方が重要であり関係者との情報共有等を位置づけることが望ましい等の意見、また死後事務に関しては、特定の法律行為について保護者に権限を付与するしくみのみを設ける場合には、死亡の届出をした保護者が家庭裁判所の許可を得たうえで本人の死体の火葬に関する契約の締結の権限を有する旨の規律を設ける考え方がよい等の意見が、それぞれ提出された。個別の代理権を付与された代理人には、個別の審判で本人あての郵便物の開封権限を代理権として付与すればよいのではないか、死後事務についても同様に考えられないか、死後事務に関しては相続法との関係をこの部会で整理すべきとの意見もあった。

現行法における後見類型に相当するものを設けない場合（特定の法律行為について個別の代理権付与のみを認める場合）における、意思表示の受領に関する隘路（本人は、事理を弁識する能力を欠く常況にあり、したがって通常は意思無能力であるため、意思表示の受領ができず、本人の取引の相手方は、本人に対する催告等（意思表示）の効果を主張することができないという課題）を解決するためには、意思表示の受領が課題となる場面に限り、法律上の利害関係人に、意思表示の受

領に関する本人の代理人（後見人）の選任とその後見人への代理権の付与の申立権限を認め、この後見人の権限については、濫用防止の観点から期間を限定すべきであるとの整理の仕方が提案された。

意思決定支援のほか、民法20条3項の「特別の方式」、同法21条の「詐術」等に関して、現場で法律の専門家以外が参照できるような規律が望まれるとの意見も提出された。

（司法書士　西川　浩之・にしかわ　ひろゆき）

【第16回】

令和7年3月11日㈫、法制審議会民法（成年後見等関係）部会第16回会議が開催され、⑴成年被後見人と時効の完成猶予および委任の終了事由並びに⑵任意後見制度における監督、任意後見制度と法定後見制度との関係等について、三読目の調査審議が行われた。

⑴については、仮に特定の法律行為について保護者に権限を付与するしくみのみを設ける場合には、事実上、意思無能力者の保護ができないことになる（現行法の下でも、成年後見制度を利用していない場合には意思無能力者は保護されないが、そのような現行法よりもさらに意思無能力者の保護のレベルが下がってしまう）が、そのような法制度となることを許容してよいのかという問題提起がされ、これに対しては、やむを得ないという意見、それでは心配なので何らかの規定を設ける必要があるという意見、そして、この課題を克服するためには類型化を志向するほかないのではないかという意見が交わされた。

⑵では、任意後見人の事務の監督の柔軟化、家庭裁判所による監督のあり方、任意後見監督人の選任（任意後見人の事務の開始）の申立ての義務化、申立人の範囲の拡大、任意後見契約の一部の解除および発効並びに委託事務の追加（変更）、予備的な任意後見受任者等について、さまざまな意見が交わされたほか、任意後見制度と法定後見制度の併存について議論を深めるためには、どのような場面で並存のニーズがあるのかを明確にしたほうがよいとの意見が提出された。また、法定後見ではACP、任意後見では医療代理人に関することが検討すべき課題であることを明確にしておいてほしいという意見も提出された。

（司法書士　西川　浩之・にしかわ　ひろゆき）

特集／相続等の観点を踏まえた後見実務

特集 相続等の観点を踏まえた後見実務

> 成年後見制度は本人存命中の支援や保護のための制度である。そのため、本人の死後は原則として成年後見制度の役割ではないということになる。しかし、成年後見制度を利用している本人が相続人となる場合のほか、身寄りのない本人が死亡したときの事務などには、さまざまな課題があると聞く。本特集では成年後見制度に関係する遺産分割調停のほか、葬儀と納骨に関する実務の実際や社会福祉協議会による本人死亡後の取組みなど、実務現場での実情と工夫を探ってみたい。

① 親族・相続関係と成年後見制度

立命館大学教授　本 山　　敦

はじめに

筆者は、2004年10月から2020年9月までの16年間、家事調停委員を務めた。そして、在任期間後半は、遺産分割調停にほぼ「専従」していた。

今稿のテーマは、本誌編集部から与えられたものだが、筆者が経験した遺産分割調停には、成年後見に関係する事件が複数あった。以下では、筆者の経験を含めて[1]、本誌の主たる読者である専門職後見人に向けて、親族・相続関係と成年後見制度について、管見を述べることにしたい。

1　統計から

周知のとおり、最高裁判所事務総局家庭局が、毎年、「成年後見関係事件の概況」を公表している。そこから、「申立ての動機」をみてみよう。

平成12年から平成22年まで、申立ての動機は、「財産管理処分」「遺産分割協議」「訴訟手続等」「介護保険契約」「身上監護」「その他」に分類されていた。それが、平成23年以降、「預貯金等の管理・解約」「身上保護（身上監護）」「介護保険契約」「不動産の処分」「相続手続」「保険金受取」「訴訟手続等」「その他」に変更された。つまり、最初の10年間に存在した「遺産分割協議」が消され、「相続手続」が新設された。

「遺産分割協議」と「相続手続」は、同一の概念ではない。一般には、後者がより広い概念といえる。したがって、両者を同一に扱うことは厳密には正しくないかもしれないが、ここでは、便宜的に両者を同視して、比較する。

成年後見制度発足当初の平成12年から直近の令和5年まで、申立ての動機として、相続手続（遺産分割協議）は、約1割に上る。死亡数と相続数は比例するから（民法882条参照）、相続手続（遺

1）　筆者は、2013年7月から2018年8月まで、実母（故人）の保佐人を務めた。

〔表〕 申立ての動機（成年後見関係事件の概況）

動機		総数	割合
平成12年	遺産分割協議	―[2]	11.5%
平成22年		4737	9.5%[3]
平成23年	相続手続	5840	9.8%[4]
令和5年		1万0300	8.5%

産分割協議）を動機とする成年後見制度の申立ての総数は、今後も増加するだろう。

2　筆者の経験事案から

(1)　事案の概要

父、母、長男、長女の4人家族の事案であった[5]。

父が死亡した数年後に、遺産分割調停が申し立てられた。当事者は、長女が申立人、母と長男が相手方だった。

第1回期日で、長女を調停室に呼び入れたところ、長女と母がいっしょに入室した。一人ずつ個別に話を聞く旨伝えたところ、長女が「母は認知症で、一人にさせられないので、いっしょに話を聞いてほしい」と述べた。

母は、いかにもよそ行きのきちんとした服装をし、髪の毛もきれいにセットして、よくとおる声であいさつをしたことから、調停委員の目には、認知症には全くみえなかった。

母に対して、氏名と生年月日を質問したところ、どちらも正確に答えた。長女は、「そういうことは、ちゃんと話せるんです」と述べた。そこで、「お母さん、今日、こちらにお越しいただきましたが、こちらがどのような場所かおわかりですか？」と質問したところ、「娘からいっしょに行こうと言われました」と答えた。続けて、「お母さん、私たちは調停委員といいます。これから、お母さん、○○さん（長女）、△△さん（長男）からお話を

うかがいますが、何についてのお話か、ご存知ですか？」と質問したところ、「さぁ……」と答えた。つまり、母は、自分が家庭裁判所にいることも、来庁の目的が遺産分割調停であることも、理解していなかったのである。

そこで、調停委員は、裁判官・書記官と評議をし、母について、成年後見開始審判の申立てを勧めることとした。女性調停委員が長女と母を審判の受付窓口に案内して申立ての手続を紹介し、その間、筆者は長男とその代理人弁護士を調停室に入れて、母の状況について説明した。さらに、裁判官からは、成年後見人の選任後になるよう、3カ月後ぐらいに次回期日を設定するようにとの指示がされた。

第2回期日以降は、選任された成年後見人（弁護士）が調停に出席して調停が進められた（以下、「経験事案」という）。

(2)　遺産分割調停の進行

遺産分割調停は、当事者に対して、①遺言の有無の確認、②相続人の範囲の確認、③相続財産（遺産）の範囲の確認をしたうえで、④具体的な分割方法についての意見や希望を聴取するところから始まる。

経験事案では、長女から「長男は被相続人からさまざまな贈与を受けていた」旨の指摘がされたものの、長男も被相続人からの「贈与」についてそれなりに認めたので、大きな争点にはならなかった。なお、主な相続財産は、不動産（被相続人と母の共有名義で、母と長女が居住）、預貯金、父が創立した会社の株式だった。

成年後見人（弁護士）は、成年被後見人（母）に遺産分割についての意向を尋ねても、そもそも成年後見制度について理解できていない状況であり、遺産分割について成年被後見人の意見や希望を示せないが、ⓐ成年後見人の立場として法定相

2）　同概況（平成12年4月から平成13年3月まで）には、総数が示されていない。
3）　同概況（平成22年1月から12月まで）には、割合が示されていないため、筆者が算出した。
4）　同概況（平成23年1月から12月まで）には、総数が示されていないため、筆者が総数を積算して割合を算出した。
5）　当事者が特定されないように細部を改変している。

続分を下回るような分割には合意できない、⑤将来的に、成年被後見人が施設入所しなければならないような場合に備えて、預貯金を中心に取得するのがよいと思う、と述べた。

最終的に、不動産の被相続人持分を長女が、会社の株式を長男が、預貯金の大半を母が（一部を長女と長男が）それぞれ取得する内容で調停が成立した。

筆者が経験した多数の遺産分割調停事件において、経験事案が強く印象に残っていることには、二つ理由がある。一つは、上述したように、母が認知症には全くみえなかったことである。もう一つは、調停の成立後、長女に対して、「もっと時間がかかるかと思っていました。生前贈与を含めると、△△さん（長男）がたくさんもらうような形になりましたが、○○さん（長女）に譲っていただいたので、裁判所としては助かりました……」云々と感想を述べたところ、長女は、「実は、母は数年前に遺言を書いていて、母の財産は全部私が相続することになっているんです」と告白したことである。つまり、長女は、今回の相続（父の相続）では兄に譲歩したようにみせて、次の相続（母の相続）では自分が優位に立つ、という計算があったのである。長女は、母の遺言について、調停では一言もふれなかった。もちろん、父についての遺産分割だから、母の遺言にふれる必要は、長女にも調停委員にも存しないのだが。

（3） 専門職後見人の役割

経験事案のような場合、選任される成年後見人は専門職に限定され、親族が選任される余地はゼロと思われる。

遺産分割の当事者である母、長女、長男は相互に利益相反の関係にあり、長女・長男は母の成年後見人になり得ない。また、たとえば、母の兄弟姉妹（長女・長男のおじおば）などの親族の選任

は、利益相反には該当しないものの好ましくないだろう。なぜなら、親族後見人が成年被後見人の固有財産や相続財産について知ってしまうことになるし、また、親族であるがゆえに、相続人間の感情的な対立に巻き込まれる可能性も高いからである。

そして、遺産分割調停がすでに開始されていて、それを速やかに進めなければならないとの要請が存在する。親族後見人では、そのような要請に応えられないだろう。したがって、専門職後見人で、かつ、遺産分割に精通した専門職の選任が適切である。経験事案で、家庭裁判所が成年後見人に弁護士を選任したのは、順当な判断だった。

とはいえ、その専門職後見人は、いわば「落下傘後見人」である。経験事案において、成年後見人（弁護士）は、成年被後見人（母）の生活歴を全く知らない。

上述した遺産分割調停の手順（①～④）について、落下傘後見人は、①遺言はたぶんないでしょう[6]、②相続人の範囲は戸籍のとおりでしょう[7]、③相続財産の範囲は申立書に添付された遺産目録の範囲でしょう、といった受け答えしかできない。また、④相続人の意見や希望についても、特別受益（生前贈与）や寄与分（介護など）は、過去の家族間における行為だから、落下傘後見人がそれらの有無や内容を短期間のうちに知ることは不可能である。成年被後見人が意見等を述べることができるのであれば、成年後見人が成年被後見人から聴取した内容を検討・検証することも可能かもしれない。しかし、経験事案では、成年被後見人（母）は表面的な会話はできても、実際には何もわかっておらず、意見等の把握は不可能だった。

つまり、選任された専門職後見人は、調停において、上記①から④について、意味のある発言を

6） 公正証書遺言の有無は、遺言検索システムで調べられる。自筆証書遺言については、法務局における保管の有無は調べられるとしても、保管されていないものについては調べようがない。

7） 当事者全員が日本人であれば、ほぼ100％戸籍を信頼して構わないが、ここで問題にしているのは、「藁の上からの養子」や未認知子の存在である。

ほぼ行えない。これは、専門職後見人の責任ではないものの、制度的には包括的な代理権を与えられていながら、「成年後見人としての立場から法定相続分を下回るような分割には合意できない」といった程度の主張しかできないのも事実である。

（4）調停終了後の問題

調停終了後の当事者について、調停委員は何も知らないし、知りようもない。他方で、成年後見人と成年被後見人の関係は、原則として、後見が終了するまで、換言すれば、成年被後見人が死亡するまで継続する。

経験事案では、母と長女は同居しており、両者の関係は大変良好にみえた。つまり、成年後見人の必要性は、遺産分割調停の成立をもって終了し、その後の身上保護や財産管理は家族に委ねればよいとも考えられる。

現在、法制審議会民法（成年後見等関係）部会の審議が行われている。そこでは、成年後見制度について範囲や期間を限定してはどうかという議論が進められている[8]。

経験事案では、当事者に対して、遺産分割調停を行うためには、母について成年後見を開始する必要性について説明した。そして、母を除いた当事者（長女・長男）は、その必要性を理解し、成年後見開始の手続にも、その後の遺産分割調停の手続にも協力的だった。しかし、いったん開始された成年後見が、母の死亡まで続くということについて、当事者は、手続の過程で説明を受けたとしても、その意味を十分に理解していただろうか。なぜなら、成年後見を開始しなければ遺産分割調停を進められないのであり、成年後見を開始するという選択肢しか当事者には与えられていなかったからである。

もしかすると、長女・長男は、延々と継続する母の成年後見について不満を抱いた（抱いている）かもしれない。そして、筆者は、法制審議会の資

料や議事録に接するたびに、経験事案を思い出すのである。

3　近時の裁判例から考える専門職後見人の役割

個人的かつ主観的な経験事案を離れ、近時の裁判例を通じて、親族・相続関係と成年後見制度――特に専門職後見人の役割――について考察してみる。題材は、親族間に深刻な紛争が存在し、今後選任されるであろう専門職後見人にとってもハードケースになることが確実に予想される、東京高裁令和5年3月20日決定（家庭の法と裁判51号103頁）である。

（1）事案の概要

C男とB女（本人：昭和9年生）の夫婦には、長女A（申立人・抗告人：昭和31年生）と長男D（昭和34年生）の2子がいる。

平成22年、B女は認知症の診断を受けた。

平成27年2月、C男とB女は、長男D夫婦と同居するようになった。

同年11月、C男は、長男Dに全財産を相続させる、その負担としてB女の存命中、B女に対する必要な介護を行うこと等を内容とする遺言（公正証書）をした。同遺言の付言事項には、B女が認知症で、常に介護が必要な状態である旨が記載された。

平成29年6月、B女の長谷川式簡易知能評価スケールの検査結果は、30点中1点だった。

令和2年8月、B女は要介護5の認定を受けた。

同年9月以降、B女は、特別養護老人ホーム（本件施設）のショートステイを利用し、ほとんど本件施設に滞在し、月1～2日程度、長男D宅に戻る生活をしているが、戻った場合も別のショートステイを利用している。

令和3年、C男が死亡し、相続が開始した。

同年12月、長女Aは、B女について、横浜家庭

8）　同審議会の資料、議事録参照。また、商事法務編『成年後見制度の在り方に関する研究会報告書』63頁（商事法務、2024年）参照。

裁判所に後見開始審判を申し立てた。

長女Aは、⑦亡C男の遺言は無効なので遺産分割が必要である、⑦長男Dは負担を履行していないから同遺言を取り消しうる、⑦同遺言が有効だとしてもB女には遺留分がある。⑦～⑦のいずれについても成年後見人の選任が必要であると主張しているようである。

B女の財産は、長男Dが事実上管理している。

家庭裁判所調査官が親族照会をしたところ、長男Dは「本人〔B女〕の診断書の提出にも鑑定にも協力できない」と回答し、調査期日にも出頭しなかった。また、同調査官が本件施設に本人調査を申し入れたところ、本件施設は長男Dの同意がないので協力できないと回答した。

原審（横浜家裁令和4年8月19日審判・家庭の法と裁判51号106頁）は、「申立人〔長女A〕は、認知症が進行し、会話が一切できない状態である旨を述べるものの、医師の診断書等、本人〔B女〕の現在の精神状況を客観的に示す資料は提出されておらず、一件記録を精査しても、現在、本人〔B女〕の事理を弁識する能力がどの程度減退しているかは明らかではない。〔原文改行〕そうすると、本人〔B女〕について後見開始の審判をするためには、鑑定を実施することが必要であるが、前記〔中略〕認定の事実によれば、長男〔D〕や本件施設から鑑定の実施に向けた協力が得られる見込みはない。〔原文改行〕以上のとおり、本件について鑑定を実施できない以上、本人〔B女〕が精神上の障害により事理を弁識する能力を欠く常況にあると認めることはできず、後見開始の審判をすることはできない」と判示して、申立てを却下した。

長女Aが即時抗告をした。

(2) 決定要旨

原審判取消し、原審に差戻し。

「長男〔D〕は、自ら、本人〔B女〕が自身で法律行為や財産管理をする判断能力がないと思う旨の意見を述べているにもかかわらず、上記手続に協力しないことからすれば、本人〔B女〕の精神上の障害の程度は、後見開始の審判をすることが相当な状態にあるが、同審判がされて成年後見人が選任される可能性が高く、その場合には、当該成年後見人から、〔長女〕Aが主張するような⑦財産管理上の問題点を追及されることを恐れて非協力を続けている可能性も相応にあるといわざるを得ない」。

「現時点の資料によっては、本人〔B女〕について、後見開始の原因があるとまで断定することはできず、後見開始の審判をするに当たり明らかに鑑定の必要がない場合（家事事件手続法119条1項ただし書）や、本人の心身の障害によりその陳述を聞くことができない場合（同法120条〔1項〕ただし書）に当たるとまで断ずることもできないから、本件については、長男〔D〕に対して改めて手続への協力を求めた上で、後見開始の原因の有無や、鑑定及び本人の陳述聴取の要否を審理判断すべきである。その結果、後見開始の審判をすることが相当である場合には、更に成年後見人選任の手続を尽くす必要がある。これらの手続は、家庭裁判所において行うことが相当であるから、所要の審理を尽くさせるため、原審判を取り消し、本件を原審に差し戻すのが相当である。〔原文改行〕もっとも、裁判所が、改めて長男〔D〕に対して手続への協力を求めたにもかかわらず、長男〔D〕がこれに協力しない対応を続ける場合には、そのような事情をも手続の全趣旨として斟酌し、前記の事情が認められる場合においては、本人〔B女〕について後見開始の原因を認定するとともに、明らかに鑑定の必要がなく、本人〔B女〕の心身の障害によりその陳述を聴くことができない場合に当たると認定することも許されるというべきである」（⑦～⑦および下線は、記述の便宜のために、筆者が付加した）。

(3) 検討

成年後見開始の審判（民法7条）をするためには、原則として、成年被後見人となるべき者の精神の状況につき鑑定を要する（家事事件手続法119条1項本文）。本件の先例的価値は、親族が鑑

定に協力しない場合でも、後見開始の原因の認定が許されうるとした点にある。

もっとも、これは手続法的な論点である。民法（実体法）の研究者である筆者が着目したのは、上記⑦～㋑である。

すなわち、本件については、先述の経験事案と同様に、将来選任される成年後見人は、専門職後見人が適切である。親族間（長女Aと長男Dの間）に深刻な紛争があり、また、長男Dによる本人B女に対する経済的虐待も疑われるのであるから、専門職後見人が選任されるべき事案である。

それでは、専門職後見人が選任されたと仮定して、専門職後見人は⑦～㋑に対応すべきか否か、対応する場合にはどのようにするのか、が問題となる。もちろん、長女Aが⑦～㋒の主張をしているからといって、専門職後見人が長女Aの主張を鵜呑みにする必要はない。専門職後見人は本人B女のために選任されるのであり、長女Aのために選任されるのではない。とはいえ、専門職後見人としては、長女Aの主張を看過することもできないだろう。以下では、⑦～㋑について敷衍する。

(A) 亡C男の遺言の有効性（⑦）

亡C男の遺言は公正証書である。公正証書遺言が無効とされるのは、遺言能力（民法961条）の欠如の場合[9]、または、口授（同法969条1項2号。令和5年改正前同条2号）の欠如の場合[10]にほぼ収斂される。公証人は、遺言者の遺言能力および発話能力についてそれなりの対応をしたはずだから、公正証書遺言を無効にするための訴訟（遺言無効確認訴訟）のハードルはかなり高いと思われる。

専門職後見人が遺言無効確認訴訟を提起するのであれば、遺言に近接した時期の遺言者（亡C男）の診療記録や介護記録等を入手して、遺言時にお

ける遺言者の遺言能力や発話能力について客観的な情報を把握しなければならない。これは「落下傘後見人」にとって、相当な負担になるだろう。また、同訴訟については、出訴期間の制限が存在しないものの、同訴訟に要する時間（高齢の成年被後見人が訴訟途中で死亡し、訴訟が烏有に帰する可能性）なども考慮しなければならず、「落下傘後見人」は難しい判断を迫られる[11]。

むしろ、遺言の有効性に疑義を唱えているのは長女Aなのだから、同人に同訴訟を提起させ、成年後見人は訴訟参加すればよい。ただ、参加後の対応も問題となる。長女Aの主張に沿って成年後見人も遺言の無効を主張するのか、反対に、長男D側に立って遺言は有効と反論するのか。ここでは、有効・無効のいずれが、本人B女にとって、よりよい結果になるのかについての検討が必要となる。

(B) 亡C男の遺言の取消し（⑦）

長女Aは、長男Dに対して、遺言で定められた本人B女の介護の負担の不履行を理由に、遺言の取消しを家庭裁判所に申し立てるつもりのようである（民法1027条、家事別表第一・108項）。同条は、元来、負担付「遺贈」の取消しについての規定であるが、いわゆる「相続させる」旨の遺言（特定財産承継遺言）にも類推適用されると解されている[12]。

この申立てについても、上記(A)同様、成年後見人が申し立てる必要はなく、長女Aが申し立てた審判事件に利害関係参加（家事事件手続法42条2号）すればよい。

問題は、この審判事件の審理では、「負担の利益を受けるべき者」（受益者＝本人B女）の「陳述を聴かなければならない」とされている点である（家事事件手続法210条1項2号）。しかし、本

---

9) 近時の公刊裁判例として、東京地裁令和3年3月31日判決（判例時報2512号38頁）。

10) 近時の公刊裁判例として、東京高裁平成27年8月27日判決（判例時報2352号61頁）。

11) もっとも、「時間切れのおそれ」は、高齢者当事者とするすべての事訴について妥当する。

12) 福島家裁いわき支部令和2年1月16日審判（判例時報2503号17頁）とその抗告審・仙台高裁令和2年6月11日決定（判例時報2503号13頁）を参照。なお、遺言取消申立ては少なく、令和5年の新受事件数は3件だった（司法統計家事編）。

特集／相続等の観点を踏まえた後見実務

人B女は、数年前の時点で、長谷川式1点、要介護5という状況だったのだから、陳述が可能とは思われない。

このような場合、「落下傘後見人」が本人B女に代わって陳述をすることになるのだろうか。陳述が必要とされているのは、「遺言を取り消す審判は……負担の利益を受けるべき者（受益者）に重大な影響を及ぼすものであることを考慮した」ためである[13]。そうであるならば、この陳述は受益者のみが行いうるもの、行うべきもの、と一身専属的に解するべきだろうか[14]。

さしあたって、成年後見人が法定代理人として、本人B女に代わって陳述することが認められると解したとしても、それが有意義な陳述となりうるのかはケースバイケースである。たとえば、一定額の金銭の給付というような負担であれば、負担の履行不履行を明らかにすることは比較的容易である。しかし、長男Dが本人B女に対して行っている「介護」が、亡C男の遺言「B女の存命中、B女に対する必要な介護を行うこと」に合致しているのか否かの判断は簡単ではない。通常、介護の詳細は公正証書遺言に記載されないだろう。

たとえば、亡C男は、長男Dが同人の自宅で本人B女と同居し、長男Dとその妻が（つまり長男家族が）本人B女の介護をすることを望んでいたのかもしれない。しかし、受益相続人である長男Dには負担を履行する義務があるとしても、その

妻にはかかる義務は存在しない。妻が本人B女との同居や介護を拒否したとしても、長男Dの責任ではない[15]。

結局、専門職後見人としては、上記(A)と同様に、遺言の取消しが本人B女にとって有利か不利か[16]、といった観点あるいは見通しから陳述をせざるを得ないことになる。

(C) 本人B女の遺留分 （⑦）

上記(A)で遺言の無効が確定した、または、上記(B)で遺言の取消しが確定した場合には、成年後見人・長女A・長男Dの三者で遺産分割協議を行うことになる[17]。しかし、成年後見人は、遺言が最終的に無効とならない場合のことも想定しなければならない。

亡C男の遺言の内容であれば、本人B女（と長女A）の遺留分が侵害されていることはほぼ明白である。本人B女は、長男Dに対して、遺留分侵害額請求をすることができる。したがって、成年後見人は、就任後、速やかに遺留分侵害額請求に着手しなければならない[18][19]。

さて、以下では、専門職後見人が遺留分侵害額請求をする場合における長男Dの負担＝本人B女の受益の取扱い、という問題を指摘したい。具体的なイメージを共有するために、仮の数字をおいて検討してみる。

相続開始時の亡C男の相続財産の価額（遺留分算定の基礎となる財産の価額）は8000万円相当で

---

13) 金子修編著『逐条解説　家事事件手続法〔第2版〕』783頁（商事法務、2022年）。秋武憲一＝片岡武編著『コンメンタール　家事事件手続法Ⅱ』835頁（青林書院、2021年）、佐上善和『家事事件手続法Ⅱ』392頁（信山社、2014年）も同旨。

14) この点、家事事件手続法の複数の文献で調べたが、明らかにできなかった。

15) とはいえ、長男DがB女に継続的にショートステイを利用させ、長期間滞在型の施設を利用させていない点は不自然である。うがった見方かもしれないが、「遺言どおりに負担を履行しています」感を演出しているのだろうか。

16) 受益者にとっての不利とは、すでに履行を受けた負担についての返還義務の発生である。佐上・前掲（注13）393頁。

17) つまり、相続財産が成年被後見人に帰属するのは、遺言の効力が否定され、かつ、遺産分割が成立した後になる。

18) もっとも、遺留分の主張は、遺言が有効であることを前提にするから、遺言の効力を否定しようとする⑦④と矛盾する。遺言無効確認訴訟であれば、主位的に遺言無効を主張し、予備的に遺留分を主張するということになるだろう。
　なお、⑦は地方裁判所の訴訟事項、④は家庭裁判所の審判事項であるから、別個の提起が可能と解されるところ、両事件が同時期に係属した場合に取扱いについての議論はされていないようである。

19) 遺言者Cは令和3年中に死亡し、1年を経過しない同年12月21日に長女Aは本人B女について成年後見開始審判を申し立てた。推測だが、遺留分の短期消滅時効（1年：民法1048条本文）について、「時効の期間の満了前6箇月以内の間に精神上の障害により事理を弁識する能力を欠く常況にある者に法定代理人がない場合において、少なくとも、時効の期間の満了前の申立てに基づき後見開始の審判がされたときは、民法158条1項の類推適用により、法定代理人が就職した時から6箇月を経過するまでの間は、その者に対して、時効は、完成しないと解するのが相当である」とした判例（最高裁平成26年3月14日判決・民集68巻3号229頁）に対応した行動と思われる（傍点は引用者による）。

あった。遺言によって、長男Dがすべてを相続した。遺留分は、本人B女が4分の1（2000万円）、長女Aが8分の1（1000万円）となる。成年後見人が長男Dに対して遺留分侵害額請求を行う。

長男Dの負担については、遺言の効力発生前に負担が発生する負担先履行の場合と、遺言の効力発生後に負担が発生する負担後履行の二つが考えられる。本件における負担の開始時期は明らかでないため、B女がショートステイの利用を開始した令和2年9月から本決定（令和5年3月）までの間（31カ月間）、長男Dがショートステイの費用を負担したとする。

そのショートステイの費用について、ネットで調べたところ、介護保険適用型で3000〜8000円程度（1泊2日）で、介護保険を利用した場合の自己負担は1〜3割とのことである[20]。高いほうで見積もると、8000円×3割負担＝1泊2日ごとに2400円である[21]。したがって、31カ月≒940日×2400円＝225万6000円となる。

介護には、さまざまな雑費も必要だろうし、高齢者である本人B女には医療も必要だろうから、それらを含めて、長男Dが合計400万円の負担をすでに履行したとする。それでは、この負担は、遺留分侵害額の算定に際して、どのように扱われるか。

まず、長男Dは、取得した「価額を超えない限度においてのみ、負担した義務を履行する責任を負う」（民法1002条1項）ので、長男Dの負担が8000万円を超えることはない。

次に、取得した「価額が……遺留分回復の訴えによって減少したときは、受遺者は[22]、その減少の割合に応じて、その負担した義務を免れる」（民法1003条本文）。この規定について、学説は、1000万円の遺贈を受けた受遺者が200万円の負担をしていた場合において、遺留分によって遺贈が800万円に減じた場合（20%減）、200万円の負担も比例して160万円に減じる（20%減）というように説明する[23]。しかし、これは、負担が明確に200万円と定まっていた場合の立論であって、本件の「介護」のように、長男Dの負担が一義的に決められないようなケースには当てはまらない。本件のように、継続的かつ終期も不明で、最終的な総額がいくらになるのかわからないような「負担」は、遺留分との関係でどのように取り扱われるのか。

第1のアプローチとして、「介護」のような負担は、そもそも比例的な減額になじまないのだから、遺留分侵害額請求の結果、長男Dの取得額が8000万円から5000万円に減少しても、長男Dの負担は減少しないという解釈がありうる。「介護」は、抽象的なのだから、形式的な減額の対象外であり、かつ、遺言者の意思（民法1003条ただし書）も減額を想定していないと解するのである。さらに、長男Dと本人B女が親族扶養の関係にあるということも（同法887条1項）、このような解釈の補強材料になる。

第2のアプローチとして、民法1003条の趣旨に鑑みて、負担の減額を認める解釈も可能である。もっとも、出発点において、負担の総額が決まっていない以上、長男Dが実際に負担した額を基準に考えるしかないだろう。

長男Dの取得額は、本人B女と長女Aの遺留分侵害額請求によって、8000万円から5000万円に減じたのだから、負担も8分の5（＝0.625）になると解する。そして、これまでに長男Dが400万円の負担をしたのであれば、成年後見人は長男Dに対してその8分の3＝150万円を償還しなければならないことになる。

20）ベネッセスタイルケアのウェブサイトを参照した。

21）施設によって食費等の算入方法が異なることや、高額介護サービス費制度による払戻制度など、長男Dによる「負担」の実額を明らかにするのは、現実には煩瑣な作業となるだろう。本稿ではそれらを捨象している。

22）民法1002条、1003条は「遺贈」の規定だが、ここでは、両条が「相続させる」旨の遺言に類推適用されることも前提に検討を行っている。

23）中川善之助＝加藤永一編『新版注釈民法(28)〔補訂版〕』287頁（有斐閣、2002年）。

特集／相続等の観点を踏まえた後見実務

(D) 財産管理上の問題（㋓）

長男Dが本人B女の財産を事実上管理しているようだが、それが適切に行われているのか不明である。長男Dによる経済的虐待の存在については、直ちに判断しかねるものの、上記(A)〜(C)の手続がとられた場合、長男Dと本人B女とは利益相反の関係になると解されるから、両者間に財産を管理する／管理されるという関係が継続するのは不適切である。

長男Dは、本人B女をショートステイに継続的に滞在させるという形で、「介護」を行っている。では、成年後見人が選任された場合に、介護は長男Dが引き続き行うのか、それとも選任された成年後見人が担うのか、といった点が問題になる。

なお、ここで念頭においているのは、身体に対する事実行為としての介護ではなく（それは、長男Dも行っていない様子である）、施設の選定、契約の締結、費用の支払いといったいわゆる「身上保護」である。

第1のアプローチとして、成年後見人の選任をもって、遺言に基づく長男Dによる身上保護は終了し、以後、成年後見人が身上保護を行うと解することができる。遺言を「前法」、成年後見（法定後見）の開始を「後法」とみて、後法が前法に優先するというように、法の基本原則に即した説明もつく[24]。そして、身上保護の費用については、①引き続き長男Dに負担させる、または、②長男Dの負担は消滅し、成年後見人が本人B女の財産から支出する、のいずれかが考えらえる。

第2のアプローチとして、遺言を尊重して、長男Dによる身上保護が継続するとの解釈である。そして、長男Dを成年後見人の履行補助者のように位置づけて、負担の範囲内で長男Dに身上保護を行わせ、成年後見人が長男Dによる身上保護を指揮・監督するという構成が可能かもしれない。つまり、遺言の効力と成年後見人の任務を併存させるのである。

介護を負担とする遺言は不自然でなく、実際に本件ではそれが現れている。しかし、受益者について成年後見が開始されたような場合における、成年後見（人）と負担（義務者）との関係については、あまり論じられてこなかったのではないだろうか。

むすびにかえて

以上、筆者の経験事案から始めて、近時の裁判例に即して、相続と専門職後見人の関係について、思いつくままに検討した。

本稿で述べたような想定や、それに対する解釈論は、もしかすると、相続法を専門とする筆者の「考えすぎ」なのかもしれない。専門職後見人にとって、有益な内容がわずかでも含まれているのであれば、望外の幸せである。

（もとやま・あつし）

＊四十物伊代子司法書士、髙野守道司法書士から情報提供いただいた。記して感謝申し上げる。

---

24) 任意後見契約に関する法律10条1項に類似した状況ともとらえられる。

特集　相続等の観点を踏まえた後見実務

② 成年被後見人等が相続人となる場合の成年後見人等による支援の流れと留意点

弁護士　鈴　木　洋　平

1　総　論

(1)　はじめに

最高裁判所事務総局家庭局が毎年発表している「成年後見関係事件の概要」（令和2年から令和6年の5年間）によれば、成年後見制度の利用目的（法定後見開始および任意後見監督人選任の申立ての動機）を、相続手続としているものは、20〜26%とされている[1]。

同じ5年間で最も多い利用目的である預貯金の管理・解約が90%前後（第2位は身上保護で70%前後、第3位は介護保険契約で40%前後、第4位は不動産の処分で30%前後）であることと比較すると、少ない部類とも思える。

しかし、相続手続を利用目的としている場合には、利益相反の問題や弁護士法等の業法規制もあることから、成年後見人等（以下、成年後見人、保佐人、補助人、の総称を指す）に専門職（交渉の必要があれば弁護士、それがなければ司法書士であることが多い）が選任されることが多いといえる。申立てに及んでいる親族からすると、自らまたは親族等が成年後見人等に選任されることを希望していることが多く、期待外れと感じさせてしまう事案を、数多くみているところである（特

に、親族が身内の親族等を成年後見人等に選任することを希望していたのに、家庭裁判所が弁護士を選任するのが相当として、弁護士会経由で事情を知らない筆者が選任される事案の場合などは多数経験がある）。

したがって、このようにして選任された弁護士等の専門職後見人が、どのように遺産分割を進めていくのかの一般論として本稿を記すことで、成年後見制度の利用における予測可能性の一助となればよいと考える。なお、昨今の家庭裁判所[2]は、守らなければならない基本方針がありながらも、成年後見人等の裁量を広汎に認める傾向にあるため、あくまでも最終的には個別事情を踏まえた担当の成年後見人等の判断によるところが大きいと思われる。また、多分に筆者の経験によるところが多いこともあらかじめ付言しておきたい。

(2)　成年後見人等の基本方針

成年後見人等は、民法869条の準用する同法644条により、本人に対して善管注意義務を負っている。したがって、本人が得られるであろう相続分（法定相続分を前提としつつ特別受益や寄与分を考慮した後の具体的相続分）を大幅に下回るような遺産分割協議をすることは、この善管注意義務に違反する。

---

1)　裁判所ホームページ〈https://www.courts.go.jp/toukei_siryou/siryo/kouken/index.html〉。
2)　「昨今の」とは、家庭裁判所における成年後見制度の運用がその時々によって変化していることを意味する。2026年には法改正も予定されており、本稿はあくまでも執筆時の運用を前提としている。

特集／相続等の観点を踏まえた後見実務

　他方で、成年後見人等は、民法858条により、本人の意思尊重および身上配慮義務（「成年後見人は、成年被後見人の生活、療養看護及び財産の管理に関する事務を行うに当たっては、成年被後見人の意思を尊重し、かつ、その心身の状態及び生活の状況に配慮しなければならない」）を負っているため、本人が相続分の取得を望まない意思を示している場合には、成年後見人等が相続を放棄するまたは相続分を大幅に下回るような不利益となる遺産分割協議をすることも許されるかのようにも思える。しかし、同法858条は、善管注意義務の一例を具現化したものにすぎないため[3]、本人が相続分の取得を望まない意思を示していることのみをもって、上記の不利益となる遺産分割協議に及ぶことは上位概念である善管注意義務に違反するものと考える。

　したがって、本人に与えられた相続分の取得を原則としつつ、基本的にはその原則の範囲内[4]で、取得できる遺産の種類、その評価、代償金等の支払方法、他の相続人が本人に対して負う負担、などといった事項の決定において、民法858条の要素（本人の意思、心身の状態、生活の状況）を反映していく必要がある。

　なお、障害者の権利に関する条約（障害者権利条約）の要請から成年後見人等は業務の遂行にあたって本人の意思決定支援に及ぶ必要があるといわれて久しくなる[5]。これを具現化すべく、最高裁判所や厚生労働省等で構成された意思決定支援ワーキング・グループが策定した「意思決定支援を踏まえた後見事務のガイドライン」[6]（令和2年）では、「後見人等が直接関与して意思決定支援を行うことが求められる場面は、原則として、本人にとって重大な影響を与えるような法律行為

及びそれに付随した事実行為の場面に限られる。本人の特性を踏まえ、ケース・バイ・ケースで判断する必要があるが、一般的な例としては、①施設への入所契約など本人の居所に関する重要な決定を行う場合、②自宅の売却、高額な資産の売却等、法的に重要な決定をする場合、③特定の親族に対する贈与・経済的援助を行う場合など、直接的には本人のためとは言い難い支出をする場合などが挙げられる」（4頁）としている。このガイドラインの中には、遺産分割に言及した箇所はないが、本人の相続分を確保しない遺産分割協議に及ぶことは、上記③に匹敵するので、成年後見人等がこのような本人に不利益な遺産分割協議に及ぶ場合にはこのガイドラインに沿って本人の意思決定支援を行うべきと考えられる。

　ただし、あくまでも筆者の私見になるが、たとえ本人が「本人の相続分を確保しない遺産分割協議に及ぶこと」を望んでいたとしても、成年後見人等としては成年後見人等の善管注意義務の観点から消極的であるべき（本人がよいと言っているからそのとおりにするのでは、本人の権利擁護を目的とする成年後見制度の趣旨にかなわないため）で、別途そのようにする必要性が客観的にあることを条件とすべきと考えている。たとえば、相手方の共同相続人において、本人の面倒をみてもらえるとか、相手方の共同相続人との交流を楽しみにしているとか、成年後見人等が及ぶことのできない医療同意に及んだり、施設の連帯保証人になってもらいたいなどの必要性があげられる。後述するように、遺産分割協議において金銭的に遺産を配分するだけでなく、金銭ではない何らかの負担を課すことも可能なので、本人が施設入所等する際には連帯保証人になるという負担をしてバ

3）　於保不二雄＝中川淳編『新版注釈民法(25)　親族(5)〔改訂版〕』〔吉村朋代〕400頁（有斐閣、2004年）。
4）　吉村・前掲（注3）406頁。同著者は、同条が、被後見人の財産をただ維持するのではなく、被後見人の生活の質向上のために財産を積極的に消費すべきという指針になるとしているものの、反対に、被後見人において取得できる財産を取得しない指針になるとまでは述べていない。
5）　日本弁護士連合会「総合的な意思決定支援に関する制度整備を求める宣言」（2015年10月2日）ほか。
6）　裁判所ホームページ〈https://www.courts.go.jp/saiban/koukenp/koukenp5/ishiketteisien_kihontekinakangaekata/index.html〉ほか。

ランスをとるなどの工夫も考えられるところである。

(3) 小 括

さて、上記1の総論では、①成年後見制度の申立てに及ぶ動機が相続手続であるとするものが全体の10%程度と必ずしも多くはないこと、しかし、②成年後見人等に弁護士等の専門職が選任されることが多いこと（申立人である親族が希望する親族候補者が選任されることが少ないこと）、③このため専門職後見人の遺産分割の一般的な進め方を理解したいこと（予測可能性をもたせたいこと）、④本人の相続分を確保するという基本原則の下に成年後見人等に与えられた裁量を働かせることのできる事項（遺産の評価などの事項）においてその裁量を働かせて解決を果たすこと、⑤本人の相続分に満たない遺産分割協議に及ぶ場合には意思決定支援のプロセスを経て本人の意思を尊重しつつも、客観的な必要性を条件としたいこと、などを説明した。

次項の各論においては、遺産分割手続の一般的な流れを説明しつつ、成年後見人等に与えられた裁量を働かせることのできる事項がどこにあるか、その事項においてどのような形で裁量を働かせることができるのか、具体例をいくつかみていきたい。

2 各 論

(1) 遺産分割手続の流れ

遺産分割手続については、いわゆる段階的進行モデルを採用するのが一般的である。すなわち、まず遺産分割とは本来関係のない前提事項と付随事項の振り落とし、相続人の範囲の確定、遺言の確認、遺産の範囲の確定、遺産の評価、特別受益および寄与分を踏まえた具体的相続分の確定、遺産分割方法の決定、という順番で進めるということである[7]。

そこで、これらの各ステージごとに、どの事項において、どのように成年後見人等の裁量を働かせることができるのか、みていくこととする（もちろん、以下で提示する事項に限る趣旨ではなく、あくまでも例示である）。

(2) 前提事項と付随事項[8]

(A) 使途不明金、葬儀費用

まず、使途不明金とは、たとえば一部の相続人が被相続人の預貯金を引き出した金員のことである。被相続人は少なくとも死亡する直前に体の具合を悪くし一部の相続人が金銭管理を行うことが多いため、その段階で引き出された預貯金の使い道をめぐって争いになることが多いといえる。一般的に、この問題は遺産分割協議の問題（家庭裁判所で取り上げる問題）とはせず、不当利得返還の問題（たとえば、2分の1ずつ相続分を有する相続人が2名いたとき、片方が被相続人の預貯金100万円を引き出したまま被相続人が死亡したときは、引き出した相続人に対しもう片方の相続人が金50万円の返還請求に及んで解決すべき、地方裁判所で取り上げる問題）とされている。

次に、葬儀費用は、葬儀を主宰した者（一般的には喪主）が負担すべきとするのが伝統的な法律上の考え方といえる。仮にそうではない特殊事情がある事案では、やはり家庭裁判所で取り上げる遺産分割の問題ではなく、地方裁判所で取り上げる立替金支払請求の問題となる。

(B) 成年後見人等が裁量を働かせることのできる事項

まず、使途不明金の問題では、地方裁判所と家庭裁判所で解決場面を区分けせず、遺産分割の問題として合意すれば一括して解決することができるので、成年後見人等としてはこのように合意して使途不明金も遺産の一部として一括して遺産分割の問題とすることができる。たとえば、相続人Aが被相続人の預貯金100万円を引き出していた

---

7) 片岡武・菅野眞一編『家庭裁判所における遺産分割・遺留分の実務〔第4版〕』6〜8頁（日本加除出版、2021年）。
8) 片岡ほか・前掲（注7）75〜81頁。

特集／相続等の観点を踏まえた後見実務

らこれを相続人Ａが引き出したものとして遺産の一部前払いを受けたものとして遺産分割の問題として一挙に解決すればよい。

また、被相続人の死亡前後で面倒をみていた一部の相続人は必ずしも引き出した被相続人の預貯金を厳密に管理しているわけではないので、領収証などが残っていなくても、ある程度推計（たとえば毎月平均○○万円の支出を被相続人のために行っていたものと仮定）して、被相続人のために使用したと決めて使途不明金の範囲から外すことも成年後見人等に許された裁量の範囲といえるであろう。

次に、葬儀費用の問題は、相続人が合意すれば遺産から控除することができるとされているところ、相続税の課税対象から控除することができること、素朴な感情として遺産から葬儀費用を支払ってもよいと考えられること、などから遺産から控除する旨を合意することも成年後見人等に許された裁量の範囲といえるであろう。

(3) 相続人の範囲の確定[9]

(A) 相続人の範囲

相続人の範囲は、被相続人が生まれてから亡くなるまでの戸籍を取得して確定する。なお、令和6年3月から戸籍証明書等の広域交付（本籍地以外の役所において戸籍証明書等の交付が受けられる制度）が始まったが、成年後見人を含む代理人には、この制度の適用はない[10]。

相続人が被相続人の相続の開始を知ってから3カ月以内であれば、被相続人の最後の住所地を管轄する家庭裁判所に相続放棄の申述に及んで、相続を放棄することができる。この場合、相続放棄した相続人は、最初から相続人ではなかったものとなる。この場合、相続放棄をした相続人については受理証明書という書面を家庭裁判所において発行してもらい、相続放棄をしていない相続人が手続を進めていくことになる。

(B) 相続放棄の申述

債務超過の場合を除き、成年後見人等が、本人を代理して相続放棄の申述に及ぶことは、一般的には善管注意義務違反となり認められないであろう。

ただし、筆者の経験では、独り身の長男が死亡し、成年被後見人である父親のみが単独相続すべき事案において、その父親に多額の財産があり、かつ家庭をもっていた子育て世代の二男（死亡した長男にとっては弟）に長男の資産を相続させたいと考えた事案で、成年後見人が父親を代理して相続放棄をしたものがある（家庭裁判所は開始前の調査官面接の際には消極意見であったが、最終的には二男に身上保護のサポートをしてもらう必要性などを前提に成年後見人の裁量の範囲と認めた）。なお、この事案では父親が寝たきりで意思決定支援に及ぶことができていない。そうでなければ意思決定支援に及んで意思決定を促すことも必要だったと思われる。

(4) 遺言の確認

(A) 遺言の種類

遺言には大きく分けて自筆証書遺言と公正証書遺言の二種類がある。

自筆証書遺言の場合、家庭裁判所において検認の手続をしなければ、手続が進められない（不動産は法務局、金融資産は各種金融機関において相続の手続をするが、自筆証書遺言の場合には家庭裁判所の検認済証明書がないと手続が進まない）。そして、この検認手続においては、遺言者の推定相続人に対し家庭裁判所から検認期日の呼出状が送られることから、その場に立ち会って遺言の内容を確認することができる（出頭は義務でなく出頭しなくても検認期日は進められる）。

公正証書遺言の場合には、このような検認手続の必要はなく、被相続人が死亡したことを示す戸籍（または除籍）があれば手続を進められる。一

9） 片岡ほか・前掲（注7）102頁以下。
10） 横浜市ホームページ〈https://www.city.yokohama.lg.jp/kurashi/koseki-zei-hoken/todokede/koseki-juminhyo/shoumei/kosekikouiki.html〉。

般的に「相続させる」とされていない相続人には公正証書遺言の存在自体が知らされていないことが多いといえる。このような相続人の場合には、全国どこの公証役場でも、公正証書遺言の情報（作成公証役場名、公証人名、遺言者名、作成年月日等）を検索できる遺言情報管理システムを用いて情報を取得し、公正証書遺言の謄本を発行してもらうことでその内容を知ることができる。

遺言者の生存中は遺言者のみ検索可能で成年後見人等が遺言者を代理しての検索は不可であり、遺言者の死亡後は相続人と相続人の成年後見人等は検索可能である。

なお、いずれの遺言の場合にも遺言執行者を定めておくと、その執行者が相続人へ遺産目録を開示したり、遺言の内容を実現する。ただし、遺言執行者が成年被後見人の場合に成年後見人が成年被後見人を代理して遺言執行することは認められないようである（筆者の経験であるが、法務局において遺言執行者法定代理人成年後見人からの登記申請を受理しないと回答されたものがある。理論上も成年後見開始の審判により民法653条3号で遺言執行者への委任が終了となり、新たに同法1010条に基づいて家庭裁判所に遺言執行者を選任してもらい手続を進めることになる。弁護士が成年後見人の場合にはそのまま遺言執行者になる場合もあると思われる）。

(B) 成年後見人等の裁量の範囲

このステージで、成年後見人等として裁量を働かせる場面は考えにくい。

ただし、遺言の内容が本人において遺留分侵害を生じさせるものであったときはどうであろうか。成年後見人等の善管注意義務からすれば、本人が行使しうる遺留分は原則として行使すべきといえる。また令和元年7月1日以降に開始した相続の場合には、遺留分は金銭請求をもってのみ請求することになったので、従前のように不動産などの持分をもつようなことにならず行使しやすくなっ

たものといえる。

ただし、民法858条の要素である、本人の意思、心身の状態、生活の状況などを踏まえて成年後見人等としてあえて全部または一部の遺留分侵害額請求に及ばないとの判断を考えるときには、本人の意思決定支援に及んで引き出された本人の意思決定を尊重して遺留分侵害額請求に及ばない、または法律の定めるものよりも低い額の請求にとどめることもあり得るであろう。この場合でも、成年後見人等としては、遺留分侵害額請求を控えめにする客観的な必要性や代わりの何らかの負担（前述1(2)ただし書の箇所、後述(8)(B)参照）を求めることも検討すべきといえる。

(5) 遺産の範囲の確定[11]

(A) 遺産分割の対象となる遺産

遺産分割の対象となる遺産は、不動産、預貯金、上場株式を含む有価証券、親族経営の会社の非上場株式、などが考えられる。他方で、生命保険金は遺産ではなく、受取人の固有財産とされている（ただし、相続税の算出においては相続財産とみなす扱いである）。いずれにせよまずはこれらに関する資料を取得する。

まず、不動産は毎年4月頃に市町村から送られてくる固定資産税の納税通知書が手がかりになり、それがなければ市町村単位で管理している名寄帳を取得するとよい。ただし、課税されていない私道や共有地の場合には、公図などから推測する必要があるので、司法書士などの専門家に依頼するとよい。

次に、預貯金は上場株式のような情報集約システムがないので、郵便物などから逐一照会をかけるほかない。ただし、金融機関ごとに全店照会をかけられるので、支店名まではわからなくてもよい。

また、上場株式を含む有価証券は、証券保管振替機構（ほふり）が被相続人が口座を開設している証券会社等の情報を一括して保有しているので、

---

11) 片岡ほか・前掲（注7）151頁以下。

特集／相続等の観点を踏まえた後見実務

こちらに開示請求するとよい。

最後に、親族経営の会社の非上場株式は、会社または担当税理士等に会社の決算書を開示してもらい、保有株式数や株価の算定を行う。

なお、遺産でないものの生命保険については、一般社団法人生命保険協会の照会制度を利用すれば、この協会に加盟している保険会社の生命保険についての情報を得ることができる。

そのほか、家庭裁判所の後見係から照会先に調査依頼（調査嘱託）をしてもらえる場合もあるので、必要に応じて相談するとよい。筆者の経験から、最近はゴールドが高騰しているところ、これを探索することには苦労しているところである。

(B) 成年後見人等の裁量と名義財産、生命保険金

このステージで、成年後見人等が裁量を働かせることのできる事項として、名義財産、生命保険金、を取り上げる。

まず名義財産とは、たとえば被相続人の妻名義にはなっている預金などがあるが、実際には妻に収入がなかったことなどの事情から被相続人の財産であると取り扱われるものである。国税庁は、このようにして妻名義であるのに被相続人の遺産として相続税を課すのが通常である。しかし、被相続人の意思としては、これは妻の財産と認めたものといえるのではないだろうか。そこで、子どもの成年後見人等に選任している立場の者としては、これを被相続人の財産ではなく妻（本人からみれば母親）の財産と認めることも、成年後見人等の裁量の範囲内と認められると考える。

次に生命保険についても、遺産分割の対象にはならないものの、現実に現金を取得できること、特段の事情がある場合には特別受益と扱われること（最高裁平成16年10月29日判決・民集58巻7号1979頁）、などから個別事情によっては遺産（または特別受益）と認めることも、成年後見人等の裁量の範囲内と認められると考える。

(6) 遺産の評価[12]

(A) 遺産の評価

遺産の評価とは、各々の遺産を金銭的に評価するといくらになるかということである。預貯金や上場株式などは金額が明確であるが、不動産や非上場株式は評価の額は一義的ではない。また、売却した場合には税金が賦課されることがある。

まず不動産については、時価（第三者に売却した場合の価格）で評価するところ、売却せずにこれを査定するのは困難（仮定の評価になってしまう。不動産業者に査定してもらっても金額がまちまち）なため、これとは別に相続税を算出する際に用いる路線価（国税庁）、固定資産税等を算出する際に用いる固定資産税評価額（市町村）、などの評価の仕方をもって代用することがある。国土交通省が不動産取引当事者へのアンケート調査をもとに取引価格情報を提供しているので、こちらも参考にすることがある（不動産情報ライブラリ）[13]。

次に非上場株式についても、企業価値（その会社が将来どのくらいの利益を得るか計算し、不確実性とリスクを割り引いた価格）で評価するところ、これとは別に相続税を算出する際に用いる類似業種比準価格または純資産価格（国税庁）、などの評価の仕方をもって代用することがある。

(B) 成年後見人等の裁量と評価の仕方の合意

このステージで、成年後見人等が裁量を働かせることのできる可能性として、評価の仕方を合意すること、があげられる。遺産分割の実務では、裁判所において評価を算出することができないので、不動産の評価については不動産鑑定士、非上場株式の評価については公認会計士、などの価格鑑定に及び、それを前提に決定する。ただし、これら専門家の鑑定にはそれなりの鑑定費用と時間を要するため、遺産分割の当事者全員が評価について合意をすれば特に不合理なものでない限りそ

---

12) 片岡ほか・前掲（注7）205頁以下。
13) 国土交通省ホームページ「不動産情報ライブラリ」〈https://www.reinfolib.mlit.go.jp/〉。

の評価をもとに進める。

そこでまず、不動産については、相続税の路線価や固定資産税の評価額、不動産業者から発行してもらった査定額、あるいはそれらの間をとるなどした価格で、他の相続人全員が評価について合意しているというのであれば、成年後見人等としてもその範囲で評価について合意することも裁量の範囲といえる。

また、非上場株式についても、相続税の評価であるいくつかの手法を採用したり、あるいは実際の現金化は困難であることから価値を低く評価することも同様である。

さらに、不動産、株式（上場非上場を問わず）、最近値上がりが著しいゴールドなどを売却した場合には、値上がり幅につき所得として課税される。遺産分割においてはこの課税分を考慮せずに評価するが、実際は売却時にはこの課税分が控除されるので、成年後見人等としてこの課税分を控除して評価することに合意することも裁量の範囲といえるであろう（あたかも抵当権が付着した不動産を評価するのと同様かと思われる）。

(7) 特別受益および寄与分を踏まえた具体的相続分の確定[14]

(A) 特別受益

特別受益とは、相続人の一部が生前に被相続人から受けた贈与や遺贈のことである（民法903条）。寄与分とは、相続人の一部が被相続人の財産の維持や増加に特別の貢献をした度合いのことをいう（同法904条の2）。それぞれ、該当する相続人の相続分が減少し、または増加する（このように決められた相続分を具体的相続分という）。

ただし、特別受益は、被相続人に持戻し免除（特別受益として考慮しなくてよい）の意思表示があるとされると、相続分を減少させなくてよくなる（民法903条3項）。この持戻し免除の意思表示は、明示のものだけでなく黙示のものでもよいとされ、特に病気や障害があり独立した生計を営むことが

困難な相続人への贈与は、被相続人において黙示の持戻し免除の意思表示があると認定される傾向にある。

また、寄与分は、主に相続人の一部が被相続人の療養介護に及んでいた事案で主張されることが多いが、被相続人との身分関係に基づいて通常期待される程度を超える「特別の」貢献である必要があり、一般的には「要介護度2」より上の状態にあることが一つの目安といわれている。このため、これに満たない状態の被相続人の面倒をみてきた相続人からは、これまでの所為が遺産分割に反映されないことで不満が募り、感情的なもつれにつながることがままある。

(B) 成年後見人等の裁量と特別受益

このステージで、成年後見人等が裁量を働かせることのできる事項として、以下のものが考えられる。

まず特別受益については、一部の相続人が家を建てるときの頭金、大学等の学費など、資料が残っていない場合が多い。また、持戻し免除の意思表示も、書面などで明示されていることは少数でもっぱら黙示であることがほとんどといえる。この場合に、個別事情からいずれの方向にも推測することが可能と思われる。

次に持戻し免除の意思表示についても、たとえば中学までしか卒業していない障害のある本人と、大学まで卒業している相続人とがいる場合、被相続人の意思として大学の学費を持ち戻すようなことを考えていたかどうかは、個別事情からいずれの方向にも推測することが可能と思われる。また、一般的には、障害のある本人が被相続人から受けていた利益（本人名義の障害年金を使わずに貯えていたり、障害施設の費用を負担し続けていたことなど）があっても黙示の持戻し免除が認定されることが多いと説明したが、その時点での本人の資産と収支の状況を踏まえて、持戻しを選択することもあり得ると思われる。

---

14) 片岡ほか・前掲（注7）239～362頁。

特集／相続等の観点を踏まえた後見実務

また寄与分については、本人以外の相続人が要介護度2までに及ばない被相続人と同居して面倒をみていた場合には、「特別」の寄与とはいえないという原則論を振り回すのではなく、通常認められるであろう寄与度の一定割合を部分的に認める手法も検討できる。

上記のいずれの事項も、裁判所が認定するレベルの証拠とまではいえないものの、一応の確からしさがあれば、これを認めることも成年後見人等としての裁量の範囲内と考えられる。逆に、共同相続人全員について特別受益と寄与分をいっさい考慮しないものと合意する場合には、紛争の簡素化や迅速な解決ということも合理的な理由の一つとして成年後見人等の判断の正当性を基礎づけることとなり得る。

(8) 遺産分割方法の決定[15]

(A) 具体的相続分の取得協議

ここまでで各相続人が各々に認められる具体的相続分が金額で確定されたことになる。

そしてこのステージにおいて、各相続人が各自に認められた具体的相続分の範囲において、現実に存在している遺産のうちどの遺産を取得するかを協議していくことになる。

ただし、具体的相続分が2000万円ずつの子2名が、評価3000万円の自宅不動産と預貯金1000万円の遺産を分割する場合に、片方が自宅の取得を希望していた場合に問題が生じる。この場合、この所得希望者が自己資金から1000万円（代償金という）を捻出して他方の相続人に支払う必要があるところ、自己資金を捻出できない場合の遺産分割の解決が問題になる。他方の相続人が相続分を確保したければ、自宅を売却して現金で分ける、または自宅を共有にしつつ売却するタイミングがきたら共同で売却する[16]などという分割方法を選択することになる。

(B) 代償金の一部または全部を求めないこと

このステージで、成年後見人等が裁量を働かせることのできる事項として、一定の必要や負担をもとにして、相手の相続人に代償金の一部または全部を求めないことが考えられる。

つまり、民法858条の要素である、本人の意思（自宅を残したいと思っているなど）、心身の状態（死期が迫っている、紛争状態になることで心身の状態が悪くなるなど）、生活の状況（財産が十分にあり代償金による増殖の必要がないなど）を踏まえて成年後見人等としてあえて本人の相続分を厳密に確保しなくてもよいとの判断を考えるときには、本人の意思決定支援に及んで引き出された本人の意思決定を判断の一事情としつつ、控えめな方針を採用することもあり得る。この場合でも、成年後見人等としては、そのことの客観的な必要性や、何らかの負担（たとえば、本人がその者との交流を望んでいるとか、成年後見人等にはできない医療同意の場面で役割を果たしてもらうなど）を求めることも検討すべきといえる。このような客観的な必要性等もない場合には、代償金の全部または一部の支払いを免除することには消極的とならざるを得ず、不動産の持分を保有して共有とするなどの方法を採用することになる。

(9) 相続税の障害者控除

国税庁のタックスアンサー「No. 4167」によれば、「障害者控除の額は、一般障害者の場合は満85歳になるまでの年数1年（年数の計算に当たり、1年未満の期間があるときは切り上げて1年として計算します。）につき10万円で計算した額です。なお、特別障害者の場合は1年につき20万円となります」とされ、成年被後見人は当然に特別障害者となる。なお、被保佐人や被補助人の場合には、市町村に申請して障害者控除対象者認定を取得してほしい。「税額」控除なので、かなり

---

15) 片岡ほか・前掲（注7）363頁以下。
16) 両親が残した自宅を残したいなどといって単独相続を主張して単独で相続をした後で、実際には自宅を売却して売却金を独り占めしてしまう、という相続人がいる事案もある。共有にしておけば、当面は一方の相続人の利用を認めつつ、その後に売却するとなった際には売却金を分配することができる。

大きな効果がある[17]。

他方、所得税の場合にも障害者控除があるが、こちらは「所得」控除にすぎない[18]。

なお、税理士の中でも成年後見人からの申請であっても障害者控除を見落とす例がある（特に障害者手帳を保有していない人の場合）ので注意が必要である[19]。

⑽ 後見制度支援信託や支援預貯金の利用[20]

最高裁判所のホームページによれば、「後見制度支援信託は、成年被後見人又は未成年被後見人の財産のうち、日常的な支払をするのに必要十分な金銭を預貯金等として後見人が管理し、通常使用しない金銭を信託銀行等に信託する仕組みのことで、本人の財産を適切に保護するための方法の一つです」と紹介されている（後見制度支援預貯金も似たようなしくみである）。この制度は、現時点で後見類型のみが適用を受けられる。

この制度は、もともと財産の額が一定以上（おおむね流動資産額が1000万円以上）の事案においては弁護士等の専門職後見人または監督人の選任を要する運用があるところ、この制度を利用する場合にこれらの専門職の選任はなく親族等が成年後見人に就任することができる。

そのため、後見類型の場合の相続人においては、遺産分割のみを弁護士等の専門職が成年後見人として担当し、そこで得た遺産を後見制度支援信託等に預け入れて、その後は親族等が成年後見人を引き継ぐ（専門職は辞任する）、ということが多いといえる（いわゆる専門職後見人のスポット選任である）。

今後は、法改正により、成年後見制度の利用目的を達成した後で利用を止めることができる可能性がある。この場合、後見制度支援信託等の適用が受けられない保佐類型と補助類型においても、遺産分割の事項だけを成年後見制度を利用して解決していくスポット利用が主流になっていくものと思われる。

3 申立段階からの組立て

⑴ 未成年との相違

遺産分割において、相続人の一部が未成年の場合には、未成年後見人を選任せず、特別代理人を選任して解決するのが実務である。たとえば、父親が亡くなり、相続人が妻と子だけの場合に、子については親族などが特別代理人となり遺産分割協議を成立させ、そこで子が得た父親の遺産は妻（その子にとっては母親）が親権を行使して管理することになる（特別代理人は遺産分割協議を成立させるためだけに選任されたものにすぎず、それで任務を終える）。そればかりか一般的に特別代理人の選任申立書には成立すべき遺産分割協議書（案）の添付が求められていることから、あらかじめ遺産分割協議の内容を決めた後で事後的に許可を得るような手続といえる（東京家庭裁判所ホームページを参照)[21]。

そこで、これと同じような進行を、相続人の一部が事理弁識能力を喪失している場合にも適用させた事案が筆者の経験としてあるので、この事案（ただしプライバシーへの配慮からくる修正をしている）を紹介して、本稿のまとめとしたい。

⑵ 事案の紹介

被相続人は母、相続人は長男（独立して所帯をもつ）・二男（重度の知的障害者でグループホーム入所中）・長女（要介護3の母を介護するため母の自宅に夫と子とともに同居して5年間）であり、相続財産は自宅不動産、預貯金100万円、である。二男に事理弁識能力がないので、この遺産

---

17) 国税庁ホームページ〈https://www.nta.go.jp/taxes/shiraberu/taxanswer/sozoku/4167.htm〉。
18) 国税庁ホームページ〈https://www.nta.go.jp/taxes/shiraberu/taxanswer/shotoku/1160.htm〉。
19) 国税庁文書回答事例「成年被後見人の特別障害者控除の適用について」。
20) 裁判所ホームページ〈https://www.courts.go.jp/saiban/koukenp/koukcnp3/index.html〉。
21) 東京家庭裁判所ホームページ〈https://www.courts.go.jp/tokyo-f/vc-files/tokyo_f/01NEW/kaji/07_tokubetudairi_bunkatu_s.pdf〉。

特集／相続等の観点を踏まえた後見実務

分割協議を成立させるために母の弟である叔父（またはその叔父の子）を成年後見人に選任したいという相談があった事案である。

筆者は、預貯金額が1200万円以上（本稿執筆時の某家庭裁判所の基準による）となると、叔父等が成年後見人に選任されることはなく、専門職の弁護士または司法書士が選任される可能性が高いことを説明した（二男の施設費用等を被相続人が負担し、二男に支給されてきた障害年金がそのまま貯えられていたため、二男には多額の預金があった）。そのうえで、未成年の特別代理人の場合と同様に、あらかじめ二男以外の法定相続人との間で合意した遺産分割協議（案）を作成してこのとおりの遺産分割協議に及ぶ方針を明記して、二男の成年後見開始の申立てに及んだ。申立人は、長男とし、長男が推薦する成年後見人候補者を筆者とした。筆者が直ちに成年後見人に選任されて、直ちに上記内容の遺産分割協議を成立させ、二男（本人）が取得した現金を含む預金については後見制度支援預金とした。そのうえで、筆者は辞任して長女が二男の成年後見人として新たに選任された。なお、要した期間については、初めて相談を受けてから、成年後見制度の趣旨を説明した後、長男の大学学費に関する特別受益、被相続人が本人の施設費用を出していたことの特別受益、長女の療養看護寄与分、などについて協議のうえで遺産分割協議書（案）を取りまとめて長男と長女の署名押印をもらうまでに約2カ月、申立てをして辞任までに約3カ月を要した。

成年後見の運用しか知らなければ、共同相続人である申立人の代理人であった筆者が本人の成年後見人に選任されたことに違和感を覚えるのかもしれない。しかし、未成年の特別代理人の場合を想定すると必ずしもそのような違和感を覚えるものではないと思われる。また申立時に提案する遺産分割協議書（案）の内容が不合理であれば、家庭裁判所は申立人が候補者としてあげる成年後見人を選任しないという意味で公平性も担保されていると思われる。

前述のとおり、今後は、法改正により、成年後見制度のスポット利用が可能となる可能性があり、上記の手法は広く活用されていくべきであろう。

（すずき・ようへい）

▶ここが「福祉と司法の連携」の勘所！

弁護士とケースワーカーの連携による
生活保護の現場対応Q＆A

▶借金や離婚などのさまざまな法律問題を抱える保護利用者の支援に際して、どのタイミングで何を行うべきかを物語形式でわかりやすく解説！

眞鍋彰啓　編著　　Ａ5判・277頁　定価 3,080円（税込）

発行　**民事法研究会**　　〒150-0013　東京都渋谷区恵比寿3-7-16
（営業）TEL 03(5798)7257　FAX 03(5798)7258

特集　相続等の観点を踏まえた後見実務

③ 判断能力の不十分な生活保護利用者が相続人になったため成年後見制度の利用を求められた場合の留意点

司法書士　大　貫　正　男

はじめに

　成年後見制度が施行されて25年を迎えようとしている。この間、日本社会にはさまざまな変化が起こったが、象徴的なものの一つが「家族のかたち」の多様化と「格差社会」の広がりではないかと思う。子どもをもたない夫婦、離婚・再婚件数の増加、そして同性同士のカップルも珍しくなくなっている。また、格差社会が著しく拡大し、非正規雇用が増大したことが一因となり、生活困窮者が急増している。「就職氷河期世代」が65歳となる2030年には、貧困層（アンダークラス）が多くを占めるようになり、新しい階級社会が出現するとの予想もある[1]。

　こうした状況からみれば、判断能力の不十分な生活保護利用者[2]が成年後見制度を利用する「本人」となったり、さらに「相続人」となることは何ら特別なことではない。

　問題は、家族の多様化や格差社会を反映し、後見実務が成年後見制度の施行時よりさらに複雑かつ困難となっていることである。実務に携わる者にとって、本人にふさわしい個別、具体的な支援・保護は複雑で一筋縄ではいかない。意思決定支援という個人の問題であっても、それが社会や法制度とからみ合って「快刀乱麻を断つ」というわけにはいかないのが現実だ。ときには、「これがベスト」という明確な答えがみつからないまま迷いながら実務を進めることも起きている。

　そうした状況に拍車をかけるのが、「相続登記の義務化」である。これまでのように相続を保留しておくわけにはいかず、成年後見にかかわる行政、専門職をはじめとする関係者は真正面からこの問題に向き合うことが求められる。

　本稿で取り上げるのは、生活保護を受けながら病院で平穏に過ごしていた人が、ある日突然に相続人となってしまい、他の相続人が成年後見制度の利用を申し立てた事例である。相続人になれば、判断能力の有無にかかわらず何らかの対応を求められる。そのため、たとえ事実上成年後見制度を利用する必要が少なくとも、相続人は「相続登記の義務化」を理解して申し立てざるを得ない。

　この事例は、通常の後見とは異なるいわば「巻き込まれた後見」である。その取組みに焦点を当てたものであり、違和感をもたれるかもしれない

1）　橋本健二『アンダークラス2030』（毎日新聞出版、2020年）。
2）　榊原史人「成年後見実務における生活保護等支援の実際」本誌95号39〜40頁（2021年）をヒントに、憲法25条「生存権」に基づく権利という意味で生活保護受給者でなく生活保護利用者とした。

特集／相続等の観点を踏まえた後見実務

が、その周辺にある諸問題に関して留意点を述べるものである。

1 本稿の前提となる問題意識

本号の特集テーマは「相続等の観点を踏まえた後見実務」であるが、最初に筆者の頭をよぎったのが「相続登記の義務化」である。相続登記の義務化は、法務大臣が俳優を相続登記促進親善大使に任命するなどして周知に取り組んでおり、マスコミも「大相続時代」と冠する特集記事を掲載するなどしている。それが奏功し、相続の相談が増えている。危篤状態や亡くなった直後などの相談は以前ではあまりみられなかった。

相続登記の義務化は令和6年4月1日から始まっており、相続で不動産を取得したことを知った日から3年以内に正当な理由がないのに登記しなかった場合、10万円以下の過料が科せられる可能性がある（不動産登記法76条の2第1項）。調停中で当事者間で話合いがついていない場合などは、「正当な事由」となる。相続開始後、相続登記するかどうかは任意であったのが、義務となるので、民法の大変革といえよう。

この背景にあるのは、所有者不明土地の増加である。その原因となる一つ目は、経済的に価値の低い山林、農地等である。これらは放置される傾向にあるが、近隣に迷惑をかけるだけでなく、公共事業や災害復興の妨げとなっている。二つ目は、法人格のない神社の土地、墓地、入会地等共有名義の土地である。その所有者は所有している事実を知らず、知っていても所有権という認識が低くなりがちである。三つ目は、相続人の中に、どのようなことがあっても話合いに応じないという人がおり、相続人間の話合いが難航したり、時間がかかるため諦めてしまうなどのケースが多くみられたことである。四つ目が、相続人に判断能力の不十分な高齢者・障害者がいる場合である。この

四つ目のケースが本稿のテーマとなる。

留意すべきは、令和6年4月1日以降の相続だけでなく、それ以前に相続したものも義務化の対象になることだ。

なお、登記義務を果たそうとしているのにそれが履行できないのは納得できないという相続人のために導入されたのが「相続人申告登記」（不動産登記法76条の3）である。「私は相続人です」と申告すれば登記義務を果たしたことになり、過料が科されることはない。ただし、これは早期の遺産分割が難しい場合の暫定的な手段であり、名義は変わらないことに注意する必要がある。

令和6年1月1日に発生した能登半島地震の災害復興が進められているが、所有者不明土地が多く、土地収用における用地取得や建物の公費解体の深刻な妨げとなっている。さらにネックとなっているのが、所有者に判断能力の不十分な人がいる場合である。親族に成年後見制度の利用を依頼することがあるが、「望んでいない公共事業の用地買収のためになぜ厄介な成年後見制度を利用しなければならないのか」という声もあるという。親族の身になれば、「災害の被害を受けているのにさらに負担を課すのか」、というやりきれない不満をもつのも理解できる。こうした問題を目前にして、「特定の財産のみに係る成年後見制度のようなものが必要」、「不動産処分に特定した後見を新設する」などの意見もみられ、所有者不明土地問題を円滑に進めるために成年後見制度の見直しに大きな関心が寄せられている[3]。

相続はいずれ誰にでも発生し、そして誰にでも相続人となって相続に出会う可能性がある。専門職、行政をはじめとする関係者にとって「相続登記の義務」は避けてはとおれないとの問題意識をもつものである。

---

3) 山野目章夫＝井上稔＝大谷太＝西希代子＝野澤千絵「〔座談会〕所有者不明土地問題とその周辺」ジュリスト1606号28〜31頁（2025年）。

2　事例の概要

Aさんは70歳代後半の男性で、M市にあるK病院で生活保護を受けながら平穏に過ごしていた。ところが、ある日突然にCさんから成年後見制度の利用を求められた。妹のBさんには夫と子がいなかったため、Aさんはその相続人の一人になってしまったのだ。Aさんは認知症であり、判断能力があれば遺産分割協議が可能だが、それができない状況であった。

Cさんによると、Aさんは都内で長らく路上生活をしていたところ、NPO法人に保護され、区福祉事務所に対して直ちに生活保護を申請した。所持金もない急迫の状態であったため速やかに保護が開始されたという（生活保護法25条）。当時、Aさんは清潔保持もままならず、指の壊死や幻視・幻覚がみられたため、都立病院への入院を経て、都外K病院に転院、現在に至るという。兄弟はAさんに関心がなく、一度も面会に訪れていないとのことであった。

被相続人Bさんの相続財産はS市の土地・建物（固定資産税評価額は約1200万円。以下、「本物件」という）、預貯金はゼロで負債はなかった。遺産分割の対象となる諸費用を除いた総相続財産は1000万円ほどと思われた。

相続人は、Aさん、Cさん、二女Dさん、三男Eさんの四人であり、土地・建物は管理できないので売却したいとのことであった。

Cさんからの依頼は、そのための「相続登記」であったが、相続人の一人にK病院で生活していることと、判断能力の不十分なAさんがいることがわかった。成年後見制度の利用が必要なケースだが、筆者が引き受けるにはAさんの居所が遠方であることから、当初Aさんの後見開始の審判申立て、Cさん等との連絡調整が煩雑なため、地元の司法書士に依頼してはどうかとアドバイスした。しかし、「報酬が見込めない」等の理由で断られたとのことであった。筆者は、受けるかどうか迷ったが、「売却代金から優先して報酬等を支払

う」ことを条件に受託することにした。成年後見人は、他になり手がいないため依頼者Cさんが引き受けた。案の定、筆者の不安は的中し、後見開始の審判申立てから報酬の受領まで2年余りを要した。

3　「相続手続」を主な申立ての動機とする事例の特色と本質

(1)　成年後見制度利用の主な申立ての動機

Cさんからの依頼は「相続登記」のみであり、早く相続登記を終えて手にした不動産を処分したい、それが動機である。

はじめに、最高裁判所事務総局家庭局の「成年後見関係事件の概況」（令和6年1月〜12月）をみてみよう。その中の「申立ての動機について」によれば、主な申立ての動機としては、預貯金等の管理・解約が最も多く（3万8561件（92.7%））、次いで身上保護（3万599件（73.5%））、介護保険契約（1万8623件（44.7%））、不動産の処分（1万4990件（36.0%））、そして「相続手続」（1万855件（26.1%））という順になっている。日常の実務感覚からみて、納得できる順番である。しかし、今回の実務を経験して、「相続手続」は他と異質に思えた。他の動機は、あくまで本人の権利擁護のための申立てである。本人であれ、親族であれ、判断能力が不十分なため、財産管理と身上保護を行う必要があるから申立てを行うことになる。しかし、今回の事例では、「相続手続」は本人の意思とは異なる次元でその対応に巻き込まれたような関係になる。相続人が本人のために主体的に後見等開始の審判申立てを行うのでなく、仕方なくという受け身の対応がみえてくる。つまり、相続が主であり、成年後見制度が附随的になっている。極端な表現をすれば主役は申立てをする相続人であり、本人は脇役という逆転した関係におかれているようにみえる。「利用を求められたおかげで病院への入院や施設入所が手際よくできるきっかけになることもあるのではないか」との反論もあるだろう。しかし、すべての場合に

制度を利用する必要性があったのか、という基本的な疑問が残る。もちろん、複数回答が可能なので、手にした「預貯金等を管理するため」も動機になるかもしれないが、その動機も副次的な動機のようにも思える。

「申立ての主な動機」の配列は、平面的に並べられているが、今回の経験をとおして「相続手続」は特定された法律行為であり、そこには異質な動機が潜んでいることを痛感した。

相続手続のためという動機は他と比べて多くはないが、今後は増えると思われる。その根拠は、「団塊世代」（1947〜49年生れ）が全員75歳以上となり、確実に相続が発生するからである。司法統計によると、2023年には遺産分割に関して全国の家庭裁判所にのべ１万8066件の家事調停の申立てがあり、2020年と比較すると５割増となっていることも相続手続のための申立てが増えることを示している。

ところで、最高裁判所事務総局家庭局「成年後見関係事件の概況」は、類型別の動機に分類されていないが、３類型が同じ順番の動機とは思えない。実務上の感覚では、補助類型が判断能力低下の最も軽度の者なので、難しい法律判断が必要とされる不動産処分、後見類型は預貯金の管理・解約が多いのではないか、という仮説めいたものを筆者はもっている。判断能力の程度と動機の関係を知りたい。

この点に関し、日本成年後見法学会身上研究会は、2007年９〜10月に司法書士、弁護士、社会福祉士の各専門家を対象に調査を行っている[4]。それによると、補助類型の特徴として消費者被害9.3％（後見類型の約２倍）、虐待9.3％（後見類型の約３倍）と、約２割が消費者被害・虐待を主たる申立理由と説明している。保佐類型についても同様の傾向を指摘している。ただし、補助利用の回答率が低いので正確な実態はわからない。今後、「成年後見関係事件の概況」には、３類型別のク

ロスした集計と分析が求められると考える。

(2) 相続登記の依頼

前述したようにＣさんからの依頼は、「相続登記」なので、Ａさんのことを考えての後見開始の審判申立てではないという事情がある。

Ｂさん名義の本物件は、父がＢさんの生活を案じて生前贈与（相続時精算課税制度）を原因にＢさんの所有になったものだが、それはＣさんにとって不本意なことらしく、Ｂさんに渡ってしまった財産を早く取り戻したいという思いが強かった。そこに、成年後見制度という思わぬ手続が増え、何とか回避できないか、回避できないなら相続登記を放置しておこうか、と迷った様子がうかがえた。

Ｃさんの依頼が相続登記なので、それが中心となり、後見開始の審判申立てはＣさんにとっては附随的なものになる。権利擁護を標榜する制度が相続手続の附随になるのは何ともやり切れない思いがしたが、致し方なかった。Ｃさんが首尾よく成年後見人に就任しても、円滑に相続人間の遺産分割協議が進まなければ「一体何のために成年後見制度を利用したのか」といわれかねない。

(3) 病院による事実上の財産管理と身上保護

今回、相続登記が主となってしまったのは、Ｃさんの財産管理と身上保護は、入院しているＫ病院によって滞りなく行われていた点にあった。

財産管理については、生活保護制度により生活費（月平均４万1500円）、医療扶助（月平均４万3300円）が支給され、「最低限度の生活と自立」が保障されている。それは、病院が管理する本人名義の銀行口座に確実に振り込まれていることが確認できる。そして、病院職員の代筆により、区福祉事務所に対し「資産申告書」が作成され、そのチェックを受けている。

身上保護はどうか。Ｋ病院の精神保健福祉士が作成した「本人情報シート」に、本人の様子やそれに対する対応が詳細に記載されている。通常の

4） 小幡秀夫「身上監護における補助類型の特徴」本誌27号39〜46頁（2008年）。

身上保護に関しては、十分に遂行されていると思われる。ただ、本人にとって望ましいと考えられる対応策としては、「住民票の再取得と契約を行える者が必要。病院職員以外の支援体制を築くことが求められる」との記述がある。この意見は、地域連携ネットワークによる支援を求めていると考えられる。それは、「公的扶助を除くいっさいの支援を病院に押し付けられるのは負担」との声のように思われた。

財産管理と身上保護は、今後もK病院に任せて問題がないと考えられたので、申立ての動機は「相続登記」のみに絞られた。「見守り」はどうするのか、という指摘があるかもしれないが、それは外部の第三者でなく病院内での法令遵守体制に求められるのでは、と筆者は考える。

(4) 事実上の補助類型

後見の対象者は、「精神上の障害により事理を弁識する能力を欠く常況にある者」（民法7条）であり、補助の対象者は、「精神上の障害により事理を弁識する能力が不十分である者」（同法15条1項）である。本事例の場合、医師の診断書には「支援を受けても、契約等の意味・内容を自ら理解し判断することができない」との意見があることから、相続登記のみであっても、「補助開始の審判申立て」を選択する余地は全くなかった。

成年後見人Cさんには、審判により生活、療養看護および財産の管理に関する包括的な代理権（民法859条1項）と取消権が与えられ、相続手続のみならず、預貯金の管理・解約、身上保護等の職務と権限が与えられたことになる。ところが、Cさんの動機、目的、そして意識も「相続登記」のみであった。「成年後見人としての適格性に欠ける」といってしまえばそのとおりだが、今回の経緯を考慮すると「相続人としての登記義務を果たそうとした」ともいえる。

本事例は、「後見」が相当であるかもしれないが、「後見」には「補助」のような不動産の処分や遺産分割協議、債務整理等、特定された法律行為に対する代理権や取消権の付与は想定されないので、

Cさんは、相続登記という目的（動機）を果たすだけでなく、すべてに包括的な代理権行為をする義務を負ってしまったのだ。前述したようにK病院によって事実上の財産管理と身上保護が行われている現状にあるにもかかわらず、である。Aさんは、背丈に合わないだぶだぶの服を着せられていたともいえる。柔軟な仕立ては無理なのだ。3類型という枠組みが機能していない（機能させることが不可能）現実をみせつけられた思いがした。

4　留意すべき点

(1)　相続人に対する支援

Cさんからの依頼は「相続登記」を目的としていたこと、財産管理と身上保護は病院によってなされていることから、筆者の実務は相続に集中し、そのため相続人に対する説明、助言に追われた。

問題となったのは、管轄家庭裁判所である。Aさんは路上生活をしていたので、前住所W市の住所は職権消除されている。管轄する家庭裁判所はどこであるかだが、筆者はS市が都合がよかった。S市に本物件があること、Dさん、Eさんが居住していることから、「その者に係る入所又は委託前の居住地又は現在地によって定めるもの」とする生活保護法19条3項に基づいて、S家庭裁判所に「受け付けます」という回答を得て申し立てた。ところがしばらくして、S家庭裁判所から「本人が入院している病院の管轄区域内にあるK家庭裁判所に移送します」との連絡があった。そのため、Cさんは遠隔地からK家庭裁判所まで、審問期日等に行かざるを得ないことになった。もともと、成年後見制度には関心のなかった人なので、病院から診断書や本人情報シートを集めることに手間取った。途中で「もうやめたい。Aが亡くなるまで待つ」と漏らしたことがあったが、そのときは筆者が「もう少しだから頑張って」と励ます一幕もあった。これも大事な「支援」と心得た。

Cさんは、「相続人四人が一律に4分の1なのは不公平だ、何とかならないか」と本音を漏らしたことがある。筆者が「みんなのためにK家庭裁

判所へ行ったり、書類集めに苦労している実情を訴えては」とアドバイスしたところ、Eさんが理解を示し、Cさんへの相続分譲渡を受けることができた。Cさんは、4分の2となり気を取り直したようである。

筆者が心がけたのは、司法書士の「中立型調整役」としての役割である[5]。Cさん、Dさん、Eさんには、事前に「Cさんのためでなく、みなさんの利益のため関与（支援）します」という趣旨の説明書を作成し、成年後見制度、遺産分割協議書の作成、特別代理人の選任等に関与する同意を得て進めた。そのやりとりに手間と時間がかかったが、相続人同士の誤解や対立が起こっても、調整・融和（合意形成）を旨とする姿勢で相続を完結させる工夫や努力が求められていることを痛感した。

(2) 遺産分割協議

相続は、Aさんが遺産分割協議により法定相続分を取得する方法で手続が進められた。

Aさんが Bさんの遺産を相続して、売却代金から法定相続分に相当する約200万円を受領すれば、生活保護法63条の返還金の費用返還義務に応じることになる。つまり、200万円を限度として Bさん死亡時以後に支給された生活保護費について返還に応じることになる。Aさんの生活保護費は毎月約8万5000円程度支給されているので、約2年分に相当する金額である。結論としては、Aさんが遺産分割協議で「臨時収入」を得ても返還決定に応じれば生活保護が打ち切りや停止になることは少ないのでは、と考える。

遺産を相続するか否かの判断は、成年後見人たるCさんが行うことになるが「兄なら放棄しないだろう」と納得した。そこで、筆者は、四人が法定相続分を取得し（Eさんは Cさんに相続分譲渡）、筆者がAさんの特別代理人として署名する旨の遺産分割協議書を作成した。

(3) 相続放棄の検討

本事例では、相続放棄という選択の余地はなかった。その理由は、CさんはAさんの成年後見人であり、Aさんの利益のために法定相続分に当たる持分4分の1を確保する義務があるからである。仮に放棄をすれば、Aさんの取得する財産はゼロとなり、その分Cさんらの相続人の取得割合が増える。結果として、Aさんでなく自らの利益を企てる意図があったものとみなされてしまう。相続放棄は、ずばり利益相反行為（民法860条）に該当するため、その選択はあり得ない。成年後見制度の生命線は、本人の利益を守ることにあり、その意義はこの事例に如実に表れている。

仮に、Aさんが成年後見制度を利用していなかった場合を想定してみよう（あくまで参考まで）。その場合は、相続放棄することは可能である。Aさんが200万円得たとしても、その分は生活保護法63条の返還決定により手もとに何も残らないので、「放棄」という選択も考えられる。しかし、相続放棄は生活保護法4条1項に定める資産活用要件[6]に反するものとして、「相続放棄をしてはならない」と指導指示されるおそれがある。ただし、可能な限りは本人の意思が尊重されるべきで、相続することを強制するとその指導指示が違法と評価される可能性もある[7]。この比較は、成年後見制度の有用性を知るうえで重要である。成年後見人がついている場合と、ついていない場合は、選択に決定的な違いがある。

ところで、筆者は別の事例として、生活保護利用者ではない知的障害者の成年被後見人Rさんが民法1043条の遺留分放棄をするという相談を受けたことがある。社会福祉士である成年後見人は「Rさんは公的扶助を受け続け、これからも受け続けることが想定されるため、親の死亡による相続が発生しても、臨時の収入はいらない。むしろ、生活費を必要とする他の子に遺してあげたい。親は

---

5) 佃一男「司法書士による『遺産承継業務』」信託フォーラム18号42〜48頁（2022年）。
6) 生活に困窮する者は、その利用し得る資産（相続財産）を生活の維持のために活用することを要件としている（保護の補足性）。
7) 眞鍋彰啓『弁護士とケースワーカーの連携による生活保護の現場対応Q&A』212〜223頁（民事法研究会、2025年）。

すでに遺言書を作成してある、本人の意思も推定した」と言うのだ。確かに相続が開始すれば成年後見人としてRさんの相続財産を確保する義務があるので放棄することは許されないので、それならRさんが亡くなる前に遺留分を放棄して相続を避けようと考えたらしい。その回避策がうまく進むかどうかはわからないが、成年後見人は、本人の利益のみならず、他の親族にも一定の配慮をしようとする試みが伝わってくる。

(4) 後見開始審判の取消し

本事例は、「相続手続」を主な申立ての動機として後見開始の審判が得られたものだが、約2年間の実務を経て相続登記は終了した。繰り返しになるが、本人はK病院によって事実上の財産管理と身上保護がなされており、Aさんが相続人にならなければ成年後見制度の利用必要性は極めて低いケースである。

Cさんには「成年後見人になればAさんが亡くなるまでやめられない」と説明してあったが、Cさんは「相続登記という理由で成年後見制度を利用しただけなのになぜ継続しなければならないのか。病院はAさんの面倒をみているので以前と同じように任せてよいのはないか。それも無報酬で続けるのは納得できない」と言う。そこで、民法10条の後見開始の審判の取消しについて確認する。

Aさんについて成年後見を開始する原因となったのは「精神上の障害」である。民法10条には「精神上の障害が消滅したとき」とあり、それ以外の取消事由は見当たらない。それでは、保佐と補助はどうか。いずれも後見と同様、「精神上の障害が消滅したとき」である。後見類型のCさんは本人の死亡まで成年後見人としての任務を続けることを余儀なくされることになる。

ただし、補助については目的とされた法律行為が終了し、何らの代理権、同意権も伴わない空虚な状態になる場合は、本人の判断能力に変化がない場合でも、補助開始審判の取消しを認める、としている（民法18条3項）。立法担当者は、補助は、必要に応じて特定の事務のみについての代理権付与だから、それが終了すれば速やかに開始の審判を取り消すという機動的な利用が可能となるので、利用しやすい制度と解説している。この解説から、補助を設けた立法趣旨が伝わってくる[8]。

本事例は、「巻き込まれた後見」である。Aさんは、望まないであろうと推定される制度の下で生活を送ることを余儀なくされる。しかし、全く支援はいらないのかと問われれば、見守り等何らかの支援は必要といえる。

Cさんを後見から外す方法はないかと思案した。そこで思いついたのが、Cさんに代わり「市民後見人」が成年後見人となる方法である。第三者が参画することで地域連携ネットワークの形成につながるので、病院としてもよろこんで受入れに協力する可能性がある。負担感がつきまとうCさんよりも市民後見人のほうが適格性があるように思えるが、はたして家庭裁判所がそのような事情での交代を認めてくれるかどうかである。なお、専門職後見人等ならば、「事務が安定している」との理由で市民後見人にバトンタッチできると考える。

「相続手続」を目的とする相談を受けた場合、専門職をはじめとする関係者は、その手続が終了しても申立ては取り消せないことを十分説明しておく必要がある。

(5) 見直しを求められる「終了させたくない後見」

ところで、補助類型で目的が「相続登記」のみであり、その手続が終了した場合、補助開始の審判の取消しを求め、補助を終了させることが可能である。しかし、実際行われているであろうか。筆者は後見開始審判の取消しを申し立てた経験があるが[9]、補助では経験がない。本誌において

---

8) 小林昭彦ほか『新成年後見制度の解説』69頁（金融財政事情研究会、2000年）。
9) 大貫正男「複数後見の実践からみえてきた意義と課題」本誌97号38～47頁（2022年）。

もそのような事例報告は見当たらず、実務書においても解説、書式は読んだ記憶がない。さらに、前述した「成年後見関係事件の概況」にもそのような報告はない。誰も終了に関してあまり関心がないようにみえる。

その理由はなぜだろうか。それは、たとえ「相続登記」だけが目的であっても、本人保護のために手遅れにならぬよう広範な法律行為を対象としているため、と考える。用意されている同意行為目録と代理行為目録を見ると極めて包括的な事項が並んでいる。本人や申立人が見れば、「安心のため」「追加するのが面倒だから」と思わず選びたくなるような項目が並んでいる。後見類型と変わらないような重装備な法律行為となり、これなら補助を取り消す必要がなく、換言すれば本人が死亡するまで補助を続けられるしくみになっている。

補助は、判断能力が不十分で、「重要な財産行為は自分でできるかもしれないが、できるかどうか危惧があるので、本人の利益のためには誰かに代わってもらったほうがよい程度の人」を対象としていたが、実際は万全を期して複数の代理権・同意権が付いており、当初の補助を設けた理念とはかけ離れた扱いがなされているように思える。補助でさえ容易に終わらない（終わらせない）慣行が利用が低迷している理由の一つと考える。補助が立法の理念どおりに使われていないことを本事例をとおして再確認した。

留意すべきは、専門職から「終了させたくないのでは」「安定した施設入所者の法定後見だけをやりたい人が増えてきた」との指摘がなされていることである。当事者団体から「いったん始まれば死ぬまで終わらない」との批判をよく聞くが、内部からの指摘は深刻である。さらに学者から、３類型の見直しや終身でなく有期（更新）の制度が実現しても、実効性が少なく、そう簡単ではな

いとの意見もある[10]。それならばどうするのか。制度の根幹にふれる課題が浮上している。本稿は、補助ではなく後見類型の事例だが、担い手たる専門職はまずこの声に真摯に耳を傾け、自らの業務のあり方を見直すとともに、有効な方策を提案する必要があるのでは、と考える。立法を待ってからでなく、できるところは今から業務の改善を図る姿勢が求められているように思える。

おわりに

冒頭で、「成年後見制度が施行されて25年、『家族のかたち』の多様化など社会は大きく変わった」と述べたが、さらに災害復興や所有者不明土地問題、空き家問題、そして相続手続の義務化という喫緊の問題が加わった。高齢者・障害者はこうした大波に巻き込まれており、それを乗り切るための見直しを突きつけられているように思える。

本事例は、特別なケースであり筆者には難易度の高い課題であったが、その実務をとおして見え隠れしていた論点や課題がみえてきた。今後、どの類型にも当てはまらないようなケースは急速に増えるだろう。

幸いなことに、成年後見制度の基本的骨格である現行３類型の見直しの方向に焦点が当てられ、有期制・更新制の導入や成年保護特別代理人制度も検討されている。成年後見制度は、セーフティガードとして施行時よりもさらに重要性が増している。成年後見制度の利用を必要とする人々がより使いやすい制度にするための千載一遇の機会が到来しているといえよう。

（おおぬき・まさお）

---

10)　山野目章夫＝川端伸子＝西川浩之＝星野美子＝山城一真「〔座談会〕成年後見制度改革の動向」ジュリスト1596号14〜33頁（2024年）。

特集　相続等の観点を踏まえた後見実務

④　裁判例からみる本人の遺言能力

名古屋学院大学教授　中　村　昌　美

1　はじめに

長寿社会の下、必然的に富は高齢者に蓄積されていく。公正証書遺言作成の増加は著しく[1]、自筆証書の作成数は不明であるが、家庭裁判所での遺言書の検認事件数[2]は漸増傾向にある。一方、遺言無効確認をめぐる紛争は絶えることがなく[3]、公正証書遺言・自筆証書、双方とも結果的に多くの無効判決が下されてきた[4]。遺言の形式的無効が主張されることも多いが、無効原因の多くは遺言能力の欠如である。本稿では、パターン①：判断能力が低下した後に遺言がなされ、後日、遺言者本人に後見開始の審判がなされて、本人死亡後に遺言能力の欠如による遺言無効が争われた裁判例を中心に、パターン②：成年後見制度の利用がされたため、成年被後見人による遺言として無効かが問題となった裁判例を取り上げる。また、パターン③：事実上の後見がなされ、結局、成年後見制度の利用に至らなかった遺言者の遺言

の問題がある。各パターンの裁判例を検討し、平成期以後の遺言能力の有無の判断基準について、考察を深めたい。

2　遺言能力のとらえ方

(1)　遺言能力と意思能力

遺言能力とは、遺言という法律行為を有効になす能力である。抽象的な定義では、「遺言行為を弁識する能力」、もう少し具体的に述べると「遺言の意味、内容および効果を理解し、自らの行動を判断する能力」である。この定義自体は、おおむね異論はないであろう。

遺言は財産行為にあたり、遺言能力については法律行為一般の意思能力のとらえ方と共通する面が多い。すなわち、①一律な生物的な精神能力—「事理弁識能力」—を基準とする構成と、②社会における存在としての人が、当該事情の下、当該行為をなす能力としてとらえる—「相対的構成」・「総合判断説」[5]—がある。結論的には、現在、

---

1)　日本公証人連合会ホームページによると、平成26年からは毎年10万件を超えている。平成30年1月から12月までの1年間に全国で作成された遺言公正証書は11万0471件である。令和期に入ってからも、令和元年（平成31年）には11万3137件に上り、令和2年は9万7700件、令和3年は10万6028件（この現象はコロナ禍による影響もあると思われる）、令和4年は11万1977件、令和5年は11万8981件と一定数を保っている。

2)　令和5年度司法統計「家事事件編：第2表」によれば、2万2314件を数え、平成30年度の1万7487件から各年度確実に増加している。

3)　West law Japanの判例データベースで、遺言無効確認請求事件のキーワードを入力して検索すると平成期は30年間で391件、令和期は6年間で113件の判決が収録されている。収録された判決数からでも、確実に遺言無効をめぐる紛争が増加していることがわかる。必ずしも遺言者に後見開始の審判がなされたわけではない。

4)　成年後見法研究19号202頁以下、成年後見法研究20号151頁以下。

5)　伝統的に一律の事理弁識能力を意思能力ひいては遺言能力とする旧来の構成の対義語として、本人の状況・行為の状況を総合的に判断する構成を本稿では以下「総合判断説」とする。

特集／相続等の観点を踏まえた後見実務

遺言能力のとらえ方は②が主流である。①は本格的な高齢社会に入る前の考え方である[6]。

(2) 学説の流れ

旧来の学説・伝統的な考え方では、「遺言は意思表示であり、一般の法律行為と異ならず、有効であるためには、遺言者は意思能力をもたなければならない」とし、財産行為である場合も（行為能力ではなく）、意思能力があれば足りるとし、遺言は行為能力者のレベルでなくとも、能力が認められるとされてきた[7]。死に臨む行為であり本人の意思を尊重するべきこと、死後発効する行為であることなどが根拠とされる。そして能力の判断基準は旧来の事理弁識能力の理解レベルにとどまる。

民法制定時から、遺言は通常の行為能力のレベルとは別に、遺言能力が認められるべきとされてきた。とはいえ、意思能力の判断は画一的かつ7、8歳程度のレベルをもって足りるとする旧来の事理弁識能力のレベルにとどまり、その考え方の流れとして遺言能力も画一的にとらえられていた。遺言書作成件数も少なく、高齢者遺言に対する無効主張もまだ少なかったのであろう。

近時は、財産行為一般における意思能力の考察が深化し、それに対応し、「遺言の具体的な内容に即して、遺言者の自己の意思に基づく表示する能力」、「自己の遺言の結果を弁識するに足りる能力」として遺言能力の有無が判断されるべきとして、個別の事案に即して遺言能力を判断する「総合判断説」に学説は変わった[8]。

民法総則における意思能力規定に関し、債権法改正の論議で定義の明文規定化が議論された[9]）。そこでは、「当該法律行為をすることの意味を弁識する能力」とすべきであるという考え方も提示されていた。この立場からは、「意思能力については、もともと契約の複雑性・難易度等に応じてある程度相関的に判断されているとの指摘が論拠の一つであるとしている」[10]。しかし、議論は結論をみず「法律行為の当事者が意思表示をした時に意思能力を有しなかったときは、その法律行為は、無効とする」（民法3条の2）とされ、「意思能力の具体的な内容については、引き続き解釈に委ねるのが相当である」と先送りされた[11]。その論理的帰結として、遺言能力の内容も、明文化はされず、法規定としての「総合判断説」には到達しなかった。意思能力の存否につき、具体例の集積とルール化が今後も重要となり、遺言能力も同様に事案の集積が重要となる。

(3) 遺言能力をめぐる裁判の流れ

遺言能力の最大公約数的定義は、遺言行為をすることを弁識する能力であるが、その抽象性ゆえに紛争が絶えなかった。昭和期の判決は、精神医学的な鑑定を重視し、ほとんどその観点のみから有効・無効の判断がなされることが多かった。本人の精神能力・遺言時の状況・内容の複雑性等を総合的にみることを明示した判決は平成期になされるようになり、以降それが主流となった[12]。とはいえ、「遺言能力ありとして、有効」と判断されたり、「遺言能力なしとして、無効」と判断されたり、判決の予測がつけがたく、判断は個々に分かれる状況であった。

6） 拙稿「判批」東京高裁平成22年7月22日判決（本誌69号101頁）。

7） 梅謙次郎『民法要義巻之五〔大正2年版復刻版〕』261頁（有斐閣、1984年）、中川善之助『注釈民法⑳ 相続(3)』42頁（有斐閣、1973年）、阿部浩＝藤永一『新版注釈民法㉘ 相続(3)』180頁（有斐閣、1988年）、近時でも内田貴『民法Ⅳ 親族・相続〔補訂版〕』471頁（東京大学出版会、2004年）では「15歳以上で意思能力を有している」と踏み込んだ考察はしていない。

8） 千藤洋三「近時の遺言能力をめぐる公正証書遺言の裁判例について」関西大学法学研究所研究叢書39冊85頁（2008年）。当時に至るまでの詳細な考察がなされ、遺言能力の存否に厳格な判断を求める。鹿野菜穂子「高齢者の遺言能力」立命館法学249号171頁以下（1996年）、二宮周平「認知症高齢者の遺言能力」中川淳先生傘寿記念論集『家族法の理論と実務』767頁（日本加除出版、2011年）、村田彰「遺言制度の問題点と課題」名城法学64巻1・2号453頁（2014年）。

9） 法務省「民法（債権関係）の改正に関する検討事項(7)詳細版」24頁〈http://www.moj.go.jp/content/000048759.pdf〉。

10） 法務省「民法（債権関係）の改正に関する中間試案の補足説明」〈http://www.moj.go.jp/content/000112247.pdf〉。

11） 法務省「民法（債権関係）の改正に関する要綱案のたたき台(7)」26頁。

12） 拙稿・前掲（注6）96頁。

総合判断説は、妥当ではあるが、何をもって判断要素に優先順位をつけるのか、それらは機械的に計測できるものではなく、判断の予測が難しく、判断にもブレが出てくる。紛争は延々と続いていく。

3 遺言能力をめぐる裁判例

(1) 昭和期・平成中期まで

昭和期の裁判例として、抽象的な事理弁識能力をもって遺言能力とする構成がとられるものが多い。下記(A)が一例である。

(A) 東京高裁昭和52年10月13日判決（判例時報877号58頁）

遺言能力否定例（禁治産宣告はなされず事実上の後見状態）である。

判旨要約「本件遺言当時中等度の人格水準低下と痴呆がみられ、是非善悪の判断能力並びに事理弁別の能力に著しい障害があったとした前記鑑定人の鑑定結果は相当であると認められ、本件遺言当時本人は有効に遺言をなしうるために必要な行為の結果を弁識・判断するに足るだけの精神能力を欠いていたものといわざるをえず、本件遺言は、無効たるを免れない」。審理では、医学的所見だけを証拠調べしたわけでなく、遺言作成時の状況―本人への誘導状況等も調べている。しかし、遺言能力の有無を決する判決理由としては、弁識能力―客観的な精神能力の状態を根拠としている。平成期に入ると、作成時の状況や内容のあり方などの要素を付随的・個別的に衡量する判決が出てくる。

(B) 名古屋高裁平成5年6月29日判決（判例時報1473号62頁）

遺言能力否定例（事実上の後見状態）である。

判旨要約「全財産を遺贈し、姉弟の扶養看護から葬儀まで任せることは重大な行為であるのに、姉には何らの相談をしていないのみならず、話が出てわずか5日の間に慌しく改印届をしてまで本件遺言書を作成する差迫った事情は全くなかったこと等を総合して考えると、遺言者は、本件遺言

当時、遺言行為の重大な結果を弁識するに足るだけの精神能力を有しておらず、意思能力を欠いていたものと認めるのが相当であり、本件遺言は無効というべきである」。明確に総合判断説に立ったものではないが、作成時の状況を考慮している。

(C) 大阪高裁平成19年4月26日判決（判例時報1979号75頁）

遺言能力否定例（後見審判はなされず事実上の後見状態）である。

判旨要約「大切にしていた先祖伝来の骨董品や墓の管理者の指定がないことは、遺言者の遺言能力を判断するにあたり考慮すべき事由であるといえ、かかる事項に特段の配慮がなされていないことは本件公正証書の作成当時、遺言者が遺言能力を有していなかったことを裏付けるものであろう。また、本件遺言の内容は、数十筆に及ぶ不動産の配分を決し、多数の預貯金債権等の財産につき相続人毎に異なった比率での配分を決するものであるから、その内容は単純であるとはいえず、上記作成当時に遺言者がこれを容易に理解できたとも言い難い」。精神能力・遺言内容の合理性・複雑性が能力の有無の要素とされている。

(D) 京都地裁平成25年4月11日（判例時報2192号92頁）

遺言能力否定例（審判はなされず事実上の後見状態、包括委任締結）である。

判旨要約「遺言を行うのに要求される精神能力は特に『遺言能力』ともよばれる。意思表示が、どの程度の精神能力がある者によってされなければならないかは、当然のことながら、画一的に決めることはできず、意思表示の種別や内容によって異ならざるをえない（意思能力の相対性）。単純な権利変動しかもたらさない意思表示の場合（日常の買い物など）、小学校高学年程度の精神能力がある者が行えば有効であろうが、複雑あるいは重大な権利変動をもたらす意思表示の場合、当該意思表示がもたらす利害得失を理解するのにもう少し高度な精神能力が要求される」。なお、顧問弁護士への高額な贈与があった。

特集／相続等の観点を踏まえた後見実務

(2) 平成後期以後の公正証書遺言をめぐる裁判例

(A) 東京高裁平成25年3月6日判決（判例時報2193号12頁）

遺言能力否定例（事実上の後見状態で任意後見契約締結）である。

遺言能力について「本件遺言時に遺言事項を具体的に決定し、その法律効果を弁識するのに必要な判断能力たる意思能力」と定義している。

(B) 大阪高裁平成26年11月28日判決（判例タイムズ1411号92頁）

遺言能力の一部肯定例（複数回の遺言の途中で能力低減、後見開始の審判なし）である。

本判決は、遺言能力の詳細な定義をしないで、「遺言内容を理解し、当該遺言をすることの意義を理解する能力」とするものである。

この判決が出た頃から、実務家の立場から判例動向を分析し、近時の判例の立場は、医学的要素以外に遺言者本人にまつわる各要素を考慮して、「総合判断説」に移行したと分析するものも現れた[13]。

(C) 東京地裁平成27年4月27日判決（公刊物未登載、WestlawJapan 2015WLJPCA04278010）

遺言能力肯定例（後見審判はなされず事実上の後見状態）である。

判旨要約「遺言者は、低血糖による意識障害により病院に緊急搬送されて入院し、その際、意識障害により認知能力が低下していたことが認められるものの、治療により改善し、退院した後は、居宅介護を受けながらも自宅で日常生活を送っていたものであり、本件遺言書作成時点の公証人との会話内容にも認知力の低下をうかがわせる様子がなかったこと、その後の遺言者本人の会話内容においても、遺言者は自ら能動的に意思を表明して会話を行っており、遺言者の認知力の大幅な低下を疑わせる事情がないことや、遺言者の認知機能についての検査においてMMSE27点であって、

著明な認知能力の低下が認められないとされていたことにも照らすと、本件遺言書作成当時には、遺言者には遺言能力が十分にあったものと認められる」。

高齢者団体・近所の知人が作成に関与し、遺言書作成には弁護士が複数関与し、その際の説明はしっかり受けていた。公証人は通常の作成状況下で、遺言に関する説明も十分なされたとの事実関係が認定された。ただし、判旨ではもっぱら遺言者の認知能力の状態が高いことで、遺言能力ありと判断する。

(D) 東京地裁平成27年8月31日判決（公刊物未登載、WestlawJapan 2015WLJPCA08318006）

遺言能力肯定例（後見開始の審判はなされず事実上の後見状態）である。

旧養子と新養子の争いで、遺言者は介護付き住宅に居住し、相当程度の認知症の記録は残る。高齢者サポート業者・行政書士が遺言作成に関与する。養子間で遺産を折半する合理的な内容であり、公証人による丁寧な説明記録が残る。

(E) 東京地裁平成27年9月10日判決（公刊物未登載、WestlawJapan 2015WLJPCA09108004）

遺言能力肯定例（任意後見契約締結）である。

行政書士が作成に関与したものであるが、認知能力の認定判断を重視しつつ遺言内容の妥当性、関与者のサポートを評価し遺言能力ありとした例である。また遺言の内容の合理性も有効と判断する要素としている。「総合判断説」によっている。

判旨要約「主治医意見書によれば、本件公正証書遺言作成直後の遺言者の意思能力等について、日常の意思決定を行うための認知能力は『いくらか困難』、自分の意思の伝達能力は『いくらか困難』と判断されたのにとどまり、かえって、短期記憶は『問題なし』、認知症の周辺症状『無』、その他の神経症状『無』と判断されていることが認められる。遺言内容は、原告が介護を受けて生活している不動産は、換価処分の対象とはせずに、全て

---

13) 土井文美「遺言能力（遺言能力の理論的検討及びその判断・審理方法）」判例タイムズ1423号15頁以下（2016年）。

原告に残す配慮をし、遺言者の意思を反映していることを推認させる内容であること、原告と被告が各2分の1で相続すること、遺言執行者の指定といった、理解が困難というものではない。専門家が複数回訪問した上で内容について打合せをして作成されたこと、本件公正証書遺言書作成当日には、専門家が立ち会い、遺言者と会話を交わし、了承を得た上で作成していること、これら作成経過からすると、意思能力に問題があった状況は認められ」ない。

(F) 東京地裁平成28年1月18日判決（公刊物未登載、WestlawJapan 2016WLJPCA01186002）

遺言能力否定例（遺言作成の約6カ月後に後見開始の審判）である。

遺言者は介護ホームに入所する者で、公証人が出張のうえ公正証書遺言を作成した。その際、任意監督人選任の申立てがなされていることを受贈者や行政書士等の関係人は申告せず、信義に反する態度がとられた。認知能力の衰えが重篤との記録もある。周囲の関係者のサポートがないこと、遺言作成時に公証人に情報が開示されず、そのサポートも得られていないこと、遺言の内容の恣意性・不当性も無効判断の強い要素である。

判旨要約「遺言者の意思を明らかにしてそれを尊重するといった要素を全く含んでおらず、被告がその思うままに相続する本件遺言の原案を作成したことを非常に強く推認させる」とした。「任意後見監督人の選任の申立てが現にされていたことなど、遺言者の遺言能力に関わる重要な前提情報をあえて公証人に対して知らせなかったと推認される」。

(G) 東京地裁平成28年12月7日判決（公刊物未登載、LLI/DB L07133714）

遺言能力肯定例（遺言作成後補助開始の審判）である。

85歳の遺言者であるが、遺言書の作成に弁護士が関与する。相当程度に認知の衰えがあり、補助開始の審判前に作成されたものであるが、公証人は診断書を確認し、面談記録を残していた。後日、補助開始の審判がなされても、その要素のみで判断するのではなく、各種の要素を総合判断している。本人の意思を尊重し、遺言の自由をできる限り実現していく方策を示す裁判例である。

判旨要約「本件遺言は、公証人により、遺言者たる被相続人に対して、相応の意思確認や被相続人の状態の確認がされていると推認されるところ、担当の公証人は、被相続人の診断書などの資料も確認し、被相続人と問答をした上で遺言能力に疑義がないものとしており、少なくとも、本件遺言をする際に被相続人の判断能力に問題があったことはうかがわれない」。

(H) 東京地裁平成28年10月17日判決（公刊物未登載、LLI/DB L07132282）

後見開始の審判はなされず事実上の後見状態である。遺言者は90歳を超えているが、作成には銀行関係者が関与する。独居で介護保険を利用するが、認知症診断なし（軽度の疑いはある）で、公証人は作成時医学的所見を点検しなかった。遺言内容の合理性が総合判断のキーになっている。

判旨要約「本件遺言の主旨は、遺言者の財産の全部を、金融資産を適宜現金化して葬儀費用と所定の遺言執行費用を賄いながら、被告に包括遺贈する及び遺言執行者として銀行を指定するということであり、上記認定の本件遺言の作成までの経過と遺言者の晩年の生活状況に照らして違和感のない内容といえ、このような本件遺言の内容と効果を理解する能力が遺言者になかったとは認められない」。

(I) 東京高裁平成29年8月31日判決（家庭の法と裁判19号67頁）

遺言能力否定例（後見開始の審判はなされず）である。

第一審で肯定された遺言能力が高等裁判所で否定されたものである。遺言者の認知能力の衰え、遺言内容の複雑さ、公証人のやや不注意な態度の観点から遺言能力の欠如を認定した。

判旨要約「本件遺言の内容は、自己の財産をすべて特定人に相続させるといった単純なものでは

なく、複数の不動産（16筆）及び金融資産（預貯金だけで4つの金融機関に計32口、その他保険や国債等）を4名の子、妹の子並びに6人の孫に傾斜を付けて分配する（他方、他の2人の孫には分配しない。）という相当複雑なものであるから、遺言者にそのような遺言をする能力はなかったものと認めるのが相当である」。

(J) 大阪高裁平成30年6月28日判決（判例タイムズ1458号159頁）

遺言能力否定例（遺言書作成後に後見開始の審判）である。

第一審で肯定された遺言能力が高等裁判所で否定されたものである。遺言者の認知能力の衰え、遺言内容の複雑さ、公証人のやや不注意な態度の観点から遺言能力の欠如を認定した。

(K) 東京地裁平成29年12月6日判決（公刊物未登載、WestlawJapan 2017WLJPCA12068014）

遺言能力肯定例である。

成年被後見人が作成した遺言の無効確認であり、遺言後に後見が開始した者の遺言能力とは異なり、民法973条1項に従ってなされたものである。口授等の作成手続はきちんと履践され、相続分の指定は子の間で傾斜配分があるが、それほど複雑ではなく、客観的にも妥当な内容であった。判旨は遺言作成前と作成時の状況を検討し、周囲による十分なサポートがあるとし、成年被後見人の遺言能力を認めたものである。成年被後見人による遺言作成が後見開始の審判前のときよりも慎重になされ、成年被後見人による公正証書遺言作成の契機を示すものである。

判旨要約「それなりの判断能力を有していた本人は、後見開始の審判を受けた後も遺言を行う方法がないかを被告に相談し、民法973条所定の方式により遺言を行うことを検討することとし、本人には軽度の記憶障害や見当識障害があるものの、希望や意思の表明、思考や判断過程に明らかな障害はなく、遺言能力に問題はないと判断され、病

院において本件公正証書の作成が行われることになった。医師2名は、本件公正証書の作成日、本人を診察し、その遺言能力に問題がないことを改めて確認した。法定の手続きが履践され公正証書遺言が作成された。医師2名は、本件遺言の際に終始同席しており、この間、本件公証人や被告から、特段の注意を受けることはなかったと認定し、遺言の効力を否定する事情は無いとした」。

(L) 広島高裁令和2年9月30日判決（判例時報2496号29頁）[14]

遺言能力肯定例（遺言作成の3年後に後見開始の審判）である。

判旨要約「本人は、本件遺言をした当時（平成13年4月25日）（3年後に後見開始審判）、少なくともアルツハイマー型認知症の初期症状の様子を呈していたと見ることができるものの、直ちに遺言能力を疑わせるほど重度の痴呆状態にあったとまでは認め難いというべきである。本件遺言は土地を控訴人に相続させる旨のみを記載しており、本件遺言の内容は、明確であって複雑なものではない。本件遺言の有する意味内容は原告への相続を控訴人への相続に変更することを趣旨としている。本人は、本件土地以外に他に遺産不動産を所有していないことから『相続させる』旨の遺言のもつ法律的意味も、平成9年遺言で既にしていたことから本件遺言によって初めて行ったものではなく、理解していたと考えられる」。

後見開始の状態となる3年前の遺言であり、認識能力も残存し、遺言内容が単純で合理性のあるものとして、遺言能力ありと総合的に判断された。遺言者の精神能力のレベル判断が、原審と控訴審で割れたことから、判断の難しさが実感される。控訴審は原告側の問題点を評価し、遺言者の意思の実現を重要視したものといえる。公証人側の証言では多くの事案に紛れ、「特に記憶がない」との陳述もあり、医師からの診断書提出を要請せず、作成時の精神能力の記録も残っていない。実は問

---

14) 山田敬純「判批」広島高裁令和2年9月30日判決（本誌106号74頁）は判旨に疑問を呈する。

題が残る。

(3) 平成後期以後の自筆証書遺言をめぐる裁判例

自筆証書作成後、後見開始の審判がなされている、あるいは事実上の後見がなされていた者の紛争が多いが、遺言作成時の本人の精神能力の低下に焦点をあてて、無効と判断したものが多い[15]。

東京地裁平成29年12月21日判決（公刊物未登載、LEX/DB 25551418）[16]は、遺言能力否定例である。

本件は後見開始の審判直前（5日前）になされた自筆証書遺言をめぐる事件である。審判直前の遺言については、判断能力が欠けることが推定される。民法973条の様式に近い判断能力回復の状況が証明されてはじめて、遺言の有効が認められる。駆け込み的な遺言作成は慎重にされるべきであろう。

判旨要約「遺言書の作成日付は平成27年5月29日であり、同年4月16日、医師による鑑定において、うつ病及び重度の前頭葉機能低下により、自己の財産を管理・処分することができない状態にあり、その症状が回復する可能性は低いと判断されたものであり、この鑑定結果を踏まえて、同年6月4日、本件後見開始の審判がされている。そうすると、本人は、本件遺言書の作成日に先立つ平成27年4月16日時点において、既に後見開始を相当とする状態にあり、遺言をするために必要な判断能力を欠く常況にあったものと認められる。成年被後見人がその判断能力を一時的に回復したときは遺言をすることができるとされている（民法973条1項）ことからすると、遺言者においても、本件遺言書作成時にその判断能力を一時的に回復したと認められる場合には、遺言能力を有する状況の下でされた遺言として、本件遺言書は有効になる余地がある。

本人の判断能力が本件遺言書作成時に一時的に回復したと認められるか否かは、上記医師の立会いに準ずる医学的な裏付けの有無等を考慮して慎重に判断しなければならないというべきである。民法973条の趣旨に沿うような、判断能力が一時的に回復していたことを医学的に裏付ける証拠も無い」。

ただし遺言能力肯定例もなくはない。肯定例の多くの場合は、遺言作成時の状況について、総合的判断がなされている[17]。

4 遺言能力判定の要素

近時の裁判例も、遺言能力の存否基準は、「総合判断説」に従っているといえよう。重要なのは要素のとらえ方である。

要素としては、①医学的所見が出発点である。長谷川式認知症スケール（HDS-R）の点数、MMSE（ミニメンタルステート検査）の点数、脳機能診断記録、生活態度の記録等から判断する。自筆証書遺言無効確認訴訟では、この要素が多くを占める。後見開始の審判も一要素であるが、決定的な要素ではない。遺言時の判断能力をできる限り検証し、審判が下された場合でも、機械的に無効判断をするべきではない。特に審判と遺言に数年の時間的間隔がある場合、遺言時の状態が重視されるべきである。

②遺言内容が、客観的に妥当なことである。不当な誘導がなされ、遺言作成の関与者・受遺者（特に血縁関係がない者）の不当な私欲がみえてこないことである。民法966条の利益相反規定の趣旨も配慮しなければならない。死後の処分で、本人

---

15) 東京地裁平成27年3月18日判決（公刊物未登載、WestlawJapan 2015WLJPCA03188016）、東京地裁平成27年6月25日判決（公刊物未登載、WestlawJapan 2015WLJPCA06258014）、東京地裁平成27年9月3日判決（公刊物未登載、WestlawJapan 2015WLJPCA09038003）、長野地裁松本支部平成28年3月17日判決（公刊物未登載、LLI/DB L07150057）、東京地裁平成28年12月13日判決（公刊物未登載、WestlawJapan 2016WLJPCA12138001）。

16) 神野礼斉「判批」東京地裁平成29年12月21日判決（本誌87号77頁）。判旨に賛成。

17) 東京地裁平成28年3月2日判決（公刊物未登載、WestlawJapan 2016WLJPCA03028001）、東京地裁平成28年2月4日判決（公刊物未登載、WestlawJapan 2016WLJPCA02048005）、東京地裁平成30年2月26日判決（公刊物未登載、LLI/DB L07330970）。

の経済状況に影響がないとはいえども、内容の妥当性は本人の判断能力が残存している徴表といえる。傾斜配分も事情が自然である場合は、妥当な内容と認定されやすい。上記、①の本人の判断能力のレベルと、②の遺言内容の客観的妥当性は反比例的な関係にあるといえるだろう。

③遺言作成の過程の尊重として、公正証書遺言作成過程の丁寧さは遺言能力肯定の要素となる[18]。公正証書遺言の作成過程で証人・公証人など複数の人が関与し、公的な場で文案が説明され（口授も含め）、その理解、つまり意思の確認を専門家から受け、作成プロセスが真に丁寧に履践されている場合[19]、意思決定を尊重し、支援し、遺言者本人の能力の補充をするものとなる。逆に公正証書遺言の場合でも、確認・支援が不十分な場合、判断能力が補強されたとはならない。判断能力に衰えがある者の自己決定・遺言の自由は、できる限り保障する方向をめざして意思決定支援をし、遺言能力の有無の判断をしていかなければならない[20]。遺言の意思決定における支援の重要性は増していくと思われる。

（なかむら・まさみ）

---

18) 平成12年3月13日法務省民一第634号民事局長通達「民法の一部を改正する法律等の施行に伴う公証事務の取扱いについて」第1・2(1)ウは遺言能力に疑義を抱いた場合、後訴のための診断書や状況記録書面作成の証拠保全が義務づける。
19) 東京地裁平成27年2月19日判決（D1Law 25523776）に以下の公証人による意思確認過程の証言が記録されている。「1つめは、特に問題がないと思われる事案で、その場合は手控えメモに『問題なし』とだけ記載する。2つめは、ある程度問題が発生する可能性がある事案で、その場合は手控えメモに、作成開始時間、具体的な質問方法、遺言者の答え方や態度等、読み聞かせ時の遺言者の状況、作成終了時間、医師からの聴取結果、その他参考事項を記載する。3つめは、かなり問題があると思われる事案（遺言能力がないと考えられる場合）は遺言公正証書の作成を断る」。
20) 障害者の権利に関する条約12条3項の趣旨を尊重する。

▷相続・遺言の基礎知識やトラブル対処法をQ＆A方式でわかりやすく解説！

相続・遺言の
トラブル相談Q＆A
―― 基礎知識から具体的解決策まで ――

▶財産問題であるのと同時に相続人同士の家族問題でもある相続事件について、東京弁護士会の相続遺言研究部の有志が、専門的知識を踏まえつつ解説！
▶令和3年民法改正（共有関係）を踏まえた解説も収録し、トラブル相談を受ける消費生活相談員、法律実務家等必携の1冊！

東京弁護士会法律研究部相続・遺言部　編

A5判・323頁　定価 3,190円（税込）

発行　民事法研究会　〒150-0013　東京都渋谷区恵比寿3-7-16
（営業）TEL 03(5798)7257　FAX 03(5798)7258

特集　相続等の観点を踏まえた後見実務

5　葬儀と納骨に関する実務の実情と課題

弁護士　野口敏彦

1　はじめに

後見実務やホームロイヤー実務に携わっていると、どうしても避けられないのが、成年被後見人（以下、「被後見人」ともいう）や依頼者の死である。人がいずれ亡くなるものである以上、この点は不可避である。

これに対し、法理論は基本的に生きている人間を中心に構成されており、権利能力を有していたある人が亡くなると、どうしてもその秩序の空白を埋めるための「つなぎのしくみ」が必要になる。それは基本的に相続法理ということになるが、相続法理はある人に帰属していた財貨の承継秩序を調えるためのしくみにすぎず、生身の人間の「心」や「想い」をどのように調えるかについてのしくみではない（そもそも、それは「しくみ化」になじまないものであろう）。

人が亡くなるときに遺されるのは、財貨だけではない。当然ながら、まず遺されるのは、その人の肉体である。加えて、その人の周囲の人々（家族、友人、知人等々）に、その人に対するさまざまな想いや記憶が遺る。また亡くなる人自身に、遺したい想いがある場合もある。そして、本稿のテーマのうちの納骨（とその前提としての火葬）が、上記のうちの遺された肉体に対応する措置ということになる。人間に心がないのであれば、自然界におけるのと同様にそのまま放置しておけば肉体はそのうち土に還ることになるが、人間には心があるため、肉体を葬る前に別れの儀式を行うことが通例であり、これが葬儀ということになる（納骨にも、このような儀式としての側面があると思われる）。

基本的に法律家が取り扱うのは即物的な財貨秩序であり、この心や想いといったテーマは、おそらく法律家にとっては最も不得手な領域だと思われる。民法的に人を権利能力の主体といった抽象的な形でとらえてばかりいると、その人が生身の人間であり、その人自身やその周囲の人々にさまざまな想いがあることを失念しがちになる。そして、その想いは、ときに非常に激烈であり、激しい紛争の火種になることもある。後見業務やホームロイヤー業務を担当するにあたっては、この葬儀や納骨の重みに十二分に配慮することが、まず前提として非常に重要なことだと思われる。

筆者もしょせん法律家の端くれであり、この葬儀と納骨という重いテーマについて何を書けるのかについては、正直なところ甚だ心許ない。しかし、このたびこのような機会を得られたのも何かの縁だととらえ、筆者が所属する弁護士法人（弁護士法人龍馬。以下、「当法人」という）がどのようにこのテーマを取り扱っているかを紹介するとともに、それを踏まえた若干の考察を述べようと思う。本稿がわずかばかりでも読者各位の参考になれば幸いである。

特集／相続等の観点を踏まえた後見実務

2　法定後見案件における葬儀・納骨

　法定後見案件の場合、本人の死亡によって後見業務は終了するため、本人死亡後の対応は相続人に任せるのが原則である。しょせん第三者にすぎない専門職後見人が、被相続人や相続人の心の領域に軽々に踏み込むことは厳に慎む必要がある。

　しかし、近時は、相続人がいない案件や、相続人がいても本人とのかかわりを拒否している事案が増えている。このような事態に対処するため、民法873条の2は、「成年後見人は、成年被後見人が死亡した場合において、必要があるときは、成年被後見人の相続人の意思に反することが明らかなときを除き、相続人が相続財産を管理することができるに至るまで、次に掲げる行為をすることができる。ただし、第3号に掲げる行為をするには、家庭裁判所の許可を得なければならない。(中略)　3　その死体の火葬又は埋葬に関する契約の締結その他相続財産の保存に必要な行為(前2号に掲げる行為を除く。)」と規定している。

　問題は、この規定の下で実際にどのように火葬等を行うかであるが、本人が亡くなる直前・直後は、往々にして多忙になることが多い。病院からは、本人の容体に関する連絡がたびたびくることになり、それに応じて成年後見人側では葬儀会社と打合せを行い、裁判所から許可を得る準備をして、「その時」に備えておくことになる。

　後にも述べるが、後見業務やホームロイヤー業務は、どうしても多くの事実行為が必要になる。わが国の法律事務所は弁護士1名・事務局1～2名といった小規模事務所の割合が高いと思われるが、そのような規模の事務所だと、どうしても被後見人の終末期には他の案件の遂行に支障が出てしまうことが否めない(このことが、弁護士が後見業務やホームロイヤー業務への参入を躊躇する一因になっているように思われる)。この点、当法人では、現在9名の職員(市役所OB、教職者OB、看護師OB等)をシニア支援チーム(後見チーム・ホームロイヤーチーム)として、基本的に後見案件やホームロイヤー案件を専属的に補佐してもらうために雇用している。被後見人の終末期には、このシニア支援チームの職員の存在が極めて重要になる。具体的には、当法人では後見案件の受任時から弁護士とシニア支援チームが連携して後見案件に対処している。そのため、本人の人となりや生活状況を含めて、シニア支援チームは十分な情報を得た状態で、本人の終末期に臨むことになる(シニア支援チームは、本人が元気な間も定期的に本人を訪問しているため、むしろ弁護士よりも本人のことを深く理解していることが多い)。

　本人の容体が悪化した旨の情報が病院から入れば、シニア支援チームは当法人の連携先の葬儀会社に連絡を入れ、いざ本人が逝去した時の動きを確認しておく。実際には文末〔別紙1〕のような本人ごとの対応マニュアルをつくり、本人が入院している病院名、担当医、病棟師長の連絡先、当法人の連絡先、当法人の連携先葬儀会社の連絡先、納骨を受けてもらう寺院の連絡先等をまとめている。当法人の連携先葬儀会社は24時間365日対応を行ってくれているため、いつ何時本人が逝去しても、遺体の引取り、安置、死亡届の提出、火葬許可証の取得、火葬、埋葬許可証の取得、納骨までを、円滑に行うことが実現できている。この一連の流れのために要する費用は葬儀会社や地域によっても異なると思われるが、当法人における実務上は、おおむね30万円前後である。なお、当法人では、生前に当該被後見人と縁があった者として、弁護士またはシニア支援チームのメンバーが極力火葬式等の場に立ち会うようにしている。

　当法人で実際に用いている対応マニュアルと葬儀会社との打合せメモを、個人情報等を削除のうえ、文末〔別紙1〕および〔別紙2〕として掲載するので、読者各位の実務の参考にしてもらえれば幸いである。

3　保佐・補助案件の場合

　後見案件の場合と異なり、保佐・補助案件につ

いては、上記の民法873条の２のような規定がない。そのため、保佐・補助案件の場合には、「委任が終了した場合において、急迫の事情があるときは、受任者又はその相続人若しくは法定代理人は、委任者又はその相続人若しくは法定代理人が委任事務を処理することができるに至るまで、必要な処分をしなければならない」と定める同法654条（応急処分義務。同法876条の５第３項および876条の10第２項で保佐人・補助人に準用）や、「義務なく他人のために事務の管理を始めた者（中略）は、その事務の性質に従い、最も本人の利益に適合する方法によって、その事務の管理（中略）をしなければならない」と定める同法697条１項（事務管理）の規定に従って、必要な限りで火葬等を行うことになる。

一般に、火葬は公衆衛生上不可欠であるため遅滞なく実行する必要があるが、葬儀はそうではないため基本的には行わない（火葬に伴ういわゆる火葬式は、１個の火葬に関する契約として実務上おおむね許容されている）。その後、納骨まで行うか否かは案件によりけりであるが、保佐人・補助人以外に対応を任せられる者がいない、必要やむを得ない場合に限って行うという対応が基本となる。

なお、被保佐人や被補助人から自分の葬儀や納骨をどのように行ってほしいかに関する希望を伝えられることがあるが、被保佐人や被補助人は葬儀や納骨に関する行為能力を失っていないことが通常であるため、基本的には被保佐人や被補助人を葬儀会社に紹介し、自ら葬儀会社と契約することを支援する対応になる。

4 ホームロイヤー案件の場合（死後事務委任契約での対応）

上記２および３では、法定後見、保佐および補助（以下では、これらを総称して「法定後見等」という）案件における対応を紹介したが、当法人は、どうしても本人の判断能力低下後の付合いになる法定後見等は「できれば使うべきではない手段」だと認識している。現在の「本人中心主義」や「代行決定から意思決定支援へ」といった流れの中では、本人が明確に意思を示せる時点からの関係構築のほうが、明らかに望ましいからである。

このような観点から、当法人では本人の判断能力に問題がないうちから契約で本人の将来に備えておくホームロイヤー業務に力を入れている。ホームロイヤー業務の核心はアドバンスライフプランニング（事前の人生設計）であり、本人が元気なうちに自らの高齢期をどのように生きたいか、最期をどのように迎えたいか等を本人に時間をかけて検討してもらい、それを契約で承ったうえで実現することが主な業務となる。

ホームロイヤー案件の場合、葬儀や納骨についても、本人との契約に基づき進めていくことになる。本人の希望は案件ごとにさまざまであるが、基本的には、事前に本人から終末期医療についてはどのようにするか、葬儀をどのように行うか、その際に誰を呼ぶのか、納骨をどこにどのように行うか等を聞いておき、その実現可能性を確かめ、それを実行するというプロセスを辿る。死後事務に関する確認事項だけでも、文末〔別紙３〕のチェックシート記載のように多岐にわたる。当法人で実際に用いている事務日誌を、個人情報等を削除のうえ、〔別紙４〕として文末に掲載する（この事案は、当初実弟に迷惑をかけなくないとのことで、実弟の了解の下で、①土地建物の処分、②施設入所、③財産管理、④死後事務等を当法人に依頼したものであるが、①および②の実施前に、本人がくも膜下出血により逝去した事案である。死後事務委任契約に加えて、公正証書遺言も作成済みであったため、最終的には本人の希望どおりの納骨（永代供養・合祀）と遺産の承継を実現することができた）。

ここで注意を要するのは、相続人等の親族との関係である。冒頭で述べたとおり、葬儀や納骨は、基本的には遺される者にとっての別れの儀式である。民法は個人主義原理に基づいており、亡くなる者が自らの葬儀・納骨をどのように行ってもら

特集／相続等の観点を踏まえた後見実務

いたいかを死後事務委任契約で委任することも私的自治の原則からすれば自由であるように思えるが、当該契約で委任された事項を受任者が履行しようとした際、当該委任者はすでにこの世からいなくなってしまっている。

死後事務委任契約を依頼する者の多くは、身寄りがいないか、いたとしても頼れない関係にある者であり、前者の場合は依頼者の意向を実現することに問題があることは少ないが、後者の場合はやはり遺される者の意向を確認せざるを得ない。

相続人等の親族が存在する事案において死後事務委任契約で葬儀や納骨を受任する場合には、相続人等の親族の理解が得られない場合には依頼者の希望を実現できない可能性があることを依頼者に十分に説明するとともに、契約書中でその場合に契約を全部または一部解除することができる旨を規定しておくことが肝要だと思われる。

5　若干の考察

⑴　（葬儀・納骨を含む）後見業務やホームロイヤー業務を行う主体

先にも述べたが、（葬儀・納骨を含む）後見業務やホームロイヤー業務を実施するにあたっては、どうしても多くの事実行為への対応が必要になるため、弁護士1名・事務局1〜2名といった小規模事務所では、充実した後見業務やホームロイヤー業務を行うことは事実上不可能だと思われる（仮に数件の案件であれば対応可能だとしても、10件以上の案件に対応することはまず不可能だと思われる）。

わが国はすでに3000万人を超える高齢者が存在する超高齢社会であり、その中で現存する需要に対応できるだけの供給体制を構築するためには、「そもそも充実した後見業務やホームロイヤー業務を行い得るのは、どのような主体なのか」という問いに立ち返って考え直してみる必要があると思われる。そのうえで、当法人の実務経験に基づく結論からいえば、それは「後見人やホームロイヤーを中心としたチーム」であり、単体の後見人

やホームロイヤーではないと考えている。

この点、どうしても法律家の思考は、「後見人・被後見人の権利・義務」といった形で、後見人と被後見人との関係（あるいは弁護士と依頼者の関係）を「1対1」でとらえようとする傾向があるように思われるが、当法人での実務経験からすると、1対1の対応での後見業務・ホームロイヤー業務というのはまず不可能であるため、初めから「多対1」の関係をどのように構築するかという視点での検討が必要だと考えている。

一歩引いて考えると、かつてのわが国では、認知症高齢者等への対応は、主に血縁・地縁を有する者による事実上の無償対応が中心であったと思われる（認知症の有病者数が約700万人ともいわれる中で、現時点における成年後見制度の利用数が約25万件にとどまっていることからすると、現在でもその状況に大きな変化はないものと推測される）。しかし、わが国の少子高齢化の進行に歯止めがかからない中、血縁者・地縁者による事実上の無償対応でカバーしきれない事態がすでに発生してしまっていることはほぼ明らかである。このような状況下において、当法人には認知症高齢者等の介護疲れでノイローゼになってしまった家族等からの身上保護や財産管理の依頼もくることがあるが、家族等がノイローゼになりそうな事案は、当然それを引き受ける者のほうでも同じくノイローゼになるリスクがあるのであり、その解決策は「負担の分散」以外にはないと思われる。

この点、当法人はこの負担の分散を図る意味を含めて、市役所OB、教職者OB、看護師OB等のシニア支援チームを雇用して組織化している。これにより当法人においては、いわば「高齢者が高齢者を看る」体制が構築できているものであるが、しかし、後見業務やホームロイヤー業務が、長ければ数十年単位にわたって継続する業務であることに鑑みると、この組織化は現時点において達成できていればそれでよいというものではなく、「将来にわたり」達成し続けなければならないものである。また、そのようなチーム編成のために

多くのスタッフを雇用することが人件費等の兼ね合いで現実的に可能かということも考える必要がある。

この課題に対処するために、当法人では現在顧問先の人材派遣会社の関係者等と連携して、支援を必要とする人の周囲に居住する「すきま時間で働ける人」に研修等を行い待機しておいてもらい、実際に支援が必要なときに動いてもらえるようなしくみを構築することを検討中である。当該しくみの構築にあたっては、どのように人材を確保するか、どのように個人情報を管理するか、横領等の不祥事を予防するにはどのようにすればよいか等の多数の難題があるが、元々血縁者・地縁者による事実上の無償対応で賄われていた実務に代わるしくみをどのようにすれば民間事業者間で構築できるか、今後も鋭意検討を続けていく所存である。

(2) 法改正への期待

現在、法制審議会民法（成年後見等関係）部会（以下、「法制審」という）において成年後見制度の改正に向けた議論が行われているが、その中では基本的に、法定後見については「本人中心主義」の観点から、本人のおかれた具体的な事情に応じて必要性が認められる限りで代理権等が付与され、必要性がなくなれば制度利用が終了する方向で検討されており、他方で任意後見については、本人の意思（契約）に基づく制度であることから利用を促進する方向での検討がなされているものと認識している。この方向性は、先に述べた当法人の認識（法定後見等は「できれば使うべきではない手段」であり、任意後見等の契約に基づくホームロイヤー業務を優先すべきだという認識）と合致しており、歓迎したい。

他方で、現在の任意後見制度については、当法人が任意後見人になる場合でも重ねて任意後見監督人がつくことが強制されているため、依頼者にそのことを説明すると、「なぜ先生方に私の後見人になってもらうのに、重ねて別の監督人がついてその報酬まで支払わないといけないの？先生方

を信用して契約するのであって、そもそも横領の心配をするような相手なら契約しないわ」等と叱られてしまうことが多い。また、移行型任意後見契約を締結した依頼者の判断能力の低下がみられ、当法人としては任意後見契約を発効させたいと考えても、病識がない依頼者に認知症の診察を受けさせることは至難の業であり（依頼者の自尊心を傷つけることになるため、そもそもの信頼関係の破綻につながりかねない）、任意後見監督人の選任申立てが事実上できない事案がかなりある。現在の法改正の議論では、監督のあり方の緩和・多様化の方向で議論が進んでいるものと認識しているため、ぜひとも依頼者（需要者）目線に立った「真に使いやすい制度」への改正を期待したい。

また、法制審での議論と並行して、厚生労働省の地域共生社会の在り方検討会議でも、成年後見制度と地域社会福祉の一体的改革の方向で議論が進められているものと認識しているが、上記のとおりそもそも後見業務やホームロイヤー業務は単体の「後見人やホームロイヤー」で対応できるものではないと考えているため、この方向性も歓迎したい。当法人においては、民間事業者間の連携でのチーム構築の方向性を志向しているが、行政関係者・福祉関係者等の多様な主体が同じ方向性を志向することにより、うまく「負担の分散」が図られたうえでの充実した後見業務・ホームロイヤー業務が実現することを切に願っている。

(3) 一般社団法人設立の試み

また、現在のわが国においては、多くの事業者が多様な高齢者向けサービスを提供しているものの、まだ各事業者が「バラバラに」サービスを提供しており、事業者間に横串をとおした「体系的な」サービス提供ができていないように思われる。その原因は、東京大学高齢社会総合研究機構編著『東大がつくった高齢社会の教科書』41頁（東京大学出版会、2017年）にも記載されている、「共通の価値観」の確立が未了だからではないかと考えている。

すなわち、同書によれば、「大事なことは、異

特集／相続等の観点を踏まえた後見実務

なる立場（自治体、企業、大学、市民など）の関係者が同じ価値観を共有して同じ方向に共に協働していくことです。（中略）いかに社会が一体となって『共通の価値観をもとに協働』していくことができるか、この体制と仕組みづくりが高齢化の課題解決に極めて重要です」とされているところ、現在は個々の事業者がそれぞれ独自にサービス提供を行い、「競い合っている」のが現状ではないかと思われる。もちろん、自由競争の結果として、高齢者向けサービスの品質が全体として向上するのであればそれはそれで望ましいものの、他方で、高齢者が必要とするニーズは多種多様であって、個々の事業者が単独ですべてをカバーできるようなものではとうていあり得ず、必ず「他業種との連携」が必要になる。

たとえば、アドバンスライフプランニングの要素としては、主に①ファイナンシャルプランニング（資産形成・管理に関するプランニング、認知症対策もここに含まれる）、②エステートプランニング（資産承継に関するプランニング）、③アドバンスケアプランニング（終末期医療に関するプランニング）、および、④ライフプランニング（生活支援に関するプランニング）の四つがあげられるところ、上記①および②については主にファイナンシャルプランナー、金融機関、税理士、司法書士、弁護士等が、上記③については主に医療・福祉関係者、司法書士、弁護士等が、上記④については主に生活支援事業者、福祉関係者、人材派遣会社、司法書士、弁護士等が、それぞれ連携して対応することが必要なはずであり、これらの各主体がバラバラに対応していては必要十分なプランニングはとうてい実現し得ない。このような事態を打開し、「競合ではなく協働」の機運を高めるため、現在当法人を中心とする業際を超えたメンバーで、一般社団法人の設立に向けた準備を進めているところである。

本稿のテーマである「葬儀・納骨」からはやや離れた記載となったが、高齢者が将来の計画を立てる際に「葬儀・納骨のことだけ決める」という

ことはまずあり得ない。葬儀・納骨を含めたトータルのライフプランニングを元気なうちに行っておくという実務慣行をいかにつくれるかが、すでに超高齢社会の状態にあるわが国が、今後の混乱をどれほど小さく収めることができるかの鍵になると思われる。

6　最後に

以上、葬儀と納骨という重いテーマについて現時点で書けるだけのことを書かせてもらったが、筆者が本稿執筆の縁をもらえたのも、ひとえにシニア支援チームの職員の存在があるからである。その中のある人が当法人のニュースレター用に書いた寄稿には、以下のような記載がある。「人が生を受け自分の人生を積み重ねていくとき、最も心が揺さぶられる喜びは、人のために何か行うこと、そして人に感謝されることだと思っています。ですから、依頼者さまからの感謝の言葉が私の原動力となるのです」。

現在はAIをはじめデジタル全盛の時代ではあるが、後見業務やホームロイヤー業務は「心」をもつ「人」にしかできない業務である。上記のような「想い」をもって業務にあたっているスタッフがいることに心から感謝するとともに、今後も日本中で行われることになる後見業務やホームロイヤー業務を通じて、そのような「想い」の循環が、薄れゆく血縁・地縁に代わって拡がっていくことを祈念して、筆を擱く。

（のぐち・としひこ）

[別紙 1] 被後見人死亡時マニュアル

○○氏 死亡時の対応マニュアル

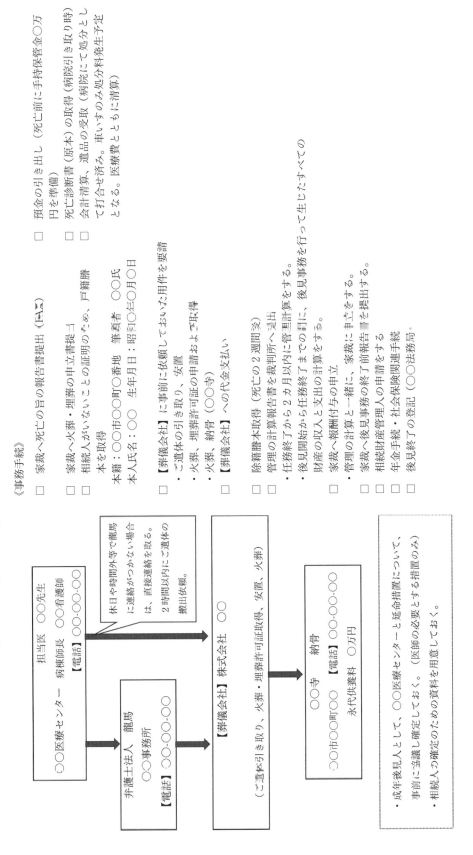

《事務手続》

- □ 家裁へ死亡の旨の報告書提出（FAX）
- □ 家裁へ火葬・埋葬の申立書提出
- □ 相続人がいないことの証明のため、戸籍謄本を取得
  本籍：○○市○○町○番地　筆頭者：○○氏
  本人氏名：○○　生年月日：昭和○○年○月○日
- □【葬儀会社】に事前に依頼しておいた用件を要請
  ・ご遺体の引き取り、安置
  ・火葬、埋葬許可証の申請および取得
  ・火葬、納骨（○○寺）
- □【葬儀会社】への代金支払い
- □ 除籍謄本取得
- □ 管理の計算報告書（死亡の2週間宛）
- □ 管理終了計算報告書を裁判所へ提出
- □ 任務終了から2カ月以内に管理計算をする。
- □ 後見開始から任務終了までの間に、後見事務を行って生じたすべての財産の収入と支出の計算をする。
- □ 家裁へ報酬付与の申立
- □ 管理の計算と一緒に、家裁に申立をする。
- □ 家裁へ後見事務の終了報告書を提出する。
- □ 相続財産管理人の申請をする
- □ 年金手続・社会保険関連手続
- □ 後見終了の登記（○○法務局）
- □ 預金の引き出し（死亡前に手持保管金○万円を準備）
- □ 死亡診断書（原本）の取得（病院引き取り時）
- □ 会計清算、遺品の受取（病院にて処分できる分として打合せ済み。車いすのみ処分発生予定となる。医療費とともに清算）

・成年後見人として、○○医療センターと延命措置について、事前に協議し確定しておく。（医師の必要とする資料を事前に確定するための資料を用意しておく。
・相続人の確定のための資料を用意しておく。

特集／相続等の観点を踏まえた後見実務

〔別紙2〕 被後見人逝去に伴う葬儀会社との打合せ

【被後見人】○○氏ご逝去に伴う【葬儀会社】○○との打合せ

1. 日　時　令和○年○月○日(○)○：○〜○：○
2. 場　所　○○
3. 担当者　○○さん(営業部課長)
　　　　　　　tel：○○−○○−○○
4. 内　容
　(1) 火葬式の日程等
　○／○(○)○：○〜　○○市　斎場
　　　8：45　【葬儀会社】　集合
　　　9：00　出棺(【葬儀会社】出発)
　　　9：30　市斎場着
　　　9：50　窯　※その後控室で待機
　　11：00　収骨
　　11：15　斎場出発
　　12：00　○○寺　着　合祀契約と遺骨預け　焼香もここで行う。
　(2) 火葬式への立会い
　・できれば、一人でも立ち会ってほしい。二人なら、一人は霊柩車同乗し、残りの者は自家用車で斎場へ。
　・待合室使用料○○円は現金で直接斎場事務室に支払う。
　・10：00の窯に入ったら待合室で待機する。
　・この時、【葬儀会社】の職員から「死亡届のコピー」等を受け取る。
　・遺骨を受け取ったら○○市○○寺まで運ぶ。
　(3) ○○寺での手続について(住職に連絡済み)
　・住職は居ないが、事務の方がいるので合祀契約を作成し(【後見人】の名前でサインし)、○円を支払う。後ほど
　　住職が戻ってきたら拝んでくれるそうです。契約書には印鑑が必要です。「後見印」で対応します。住職がいなく
　　ても、このタイミングでお焼香ができるそうです。
　(4) 現金について
　後見事務室の金庫の中に○○さんのお金が○万円入っています。それで対応してください。

※○○医療センター関係
　本日(○／○)、医療センターに行き以下の二つの手続をとりました。
　① 支払確約書へのサイン　※支払は後日【後見人事務所】に請求書が届くので振込　※コピー有
　② 病棟に行き、エンジェルケア(死後体をきれいに拭くケア)へのサインをしてきました。このケアはすでに行っ
　　てもらっています。

※その他
　①○／○の火葬式には、【後見人】は参列できない模様です。○○さんに対応してもらえるか？　とのこと。○曜日
　　ですが○○さんも対応できるそうです。○も大丈夫です。
　②【葬儀会社】の請求見積書を作ってもらいました。約○万円です。○○医療センターの支払を除けば金庫の○万
　　円で足ります。

⑤ 葬儀と納骨に関する実務の実情と課題

〔別紙3〕 死後事務チェックシート

お名前（　　　　　　　　　　　）

該当	チェック		手続き	備考
☐	☐	死亡日	死亡診断書作成	
☐	☐		葬儀社との打合せ	
☐	☐		死亡届提出	親族、施設長、任意後見受任者、7日以内
☐	☐		火葬埋葬許可申請書提出	納骨まで保管必要
☐	☐		親族・知人への訃報連絡	必要に応じて
☐	☐	葬儀日	通夜・葬儀立会	
☐	☐		火葬・お骨上げ立会	
☐	☐		遺骨の安置場所の手配	
☐	☐		納骨場所と時期の打合せ	
☐	☐		施設内での告知・時期打合せ	
☐	☐	行政手続等	葬祭費の受領	市区町村
☐	☐		高額療養費返還	市区町村
☐	☐		世帯主変更	世帯員複数で世帯主死亡のとき
☐	☐		納税管理人変更	固定資産税支払ある時
☐	☐		健康保険証、介護保険証、マイナンバーカード、免許証、パスポート等返納	市区町村、警察、旅券課等
☐	☐		印鑑登録・住民票抹消	市区町村
☐	☐		国民年金、厚生年金等停止	社会保険事務所
☐	☐		遺族年金の請求	
☐	☐	居住関係	郵便物転送	
☐	☐		電気・水道・ガス・固定電話・NHK	解約もしくは名義変更
☐	☐		施設退所手続・賃貸住宅の解約	返戻金が発生する場合は受領
☐	☐		居宅内の動産の処分・明渡	
☐	☐	その他	入院費・介護費用等支払い	
☐	☐		葬儀・寺社への永代供養料支払	
☐	☐		ペットの処遇	
☐	☐		SNS削除	
☐	☐		任意後見終了登記	
☐	☐		仏壇・墓	閉眼供養、魂抜き、墓じまい等
☐	☐	遺言執行等	戸籍謄本等取寄せ	出生から死亡まで
☐	☐		印鑑証明書取り寄せ	相続人・受遺者
☐	☐		遺言書の確認	自筆証書で法務局保管なしは検認必要
☐	☐		遺言執行者として管理口座作成	
☐	☐		相続人からの遺産整理委任状	必要な場合だけ
☐	☐		遺言執行者就任通知発送	相続人及び金融機関へ
☐	☐		通帳等の回収、口座凍結、解約	金融機関
☐	☐		預貯金等の残高証明書取得	通帳ない場合は過去3年〜5年の取引明細
☐	☐		株式の売却・端株の調査	遺言執行者専用口座の開設と売却指示 端株の調査と売却
☐	☐		遺産目録作成	
☐	☐		保険金受取手続	死亡保険金は保険金受取人からの依頼あるとき。入院給付金や解約返戻金等は遺言執行者において可。死亡診断書や入院診断書が必要な場合あり
☐	☐		クレジットカードの停止	

実践　成年後見　No.116／2025.5

特集／相続等の観点を踏まえた後見実務

			税理士への引継書類作成	相続税申告必要な場合
☐	☐		司法書士への引継書類作成	不動産があるとき
☐	☐		不動産売買手続	清算的遺贈の場合。譲渡所得税が相続人にかかるときはその旨の連絡
☐	☐		寄付先への連絡及び遺贈手続	相続税課税の場合は、寄付控除証明書取得
☐	☐		最終配分表の作成と振込	遺言執行者報酬受領
☐	☐			
☐	☐			

〔別紙４〕 業務日誌

番号	類型	依頼者氏名	担当弁護士
	ホームロイヤー	○○	○○

No.	いつ	どこで・どこと	何をした	資料（リンク）
1	令和○年○月○日	自宅	参加者　　○○氏【依頼者】、○○弁護士、○○【シニア支援チーム】 ○○氏の要望を聞いた。１、土地、家の処分　２、施設入所　３、財産管理　４、死後の事務等に付いて　実弟に迷惑をかけないために弁護士法人龍馬に依頼したとのこと。	立会聴取票
2	令和○年○月○日	ゆうちょ銀行	○○氏、○○弁護士、○○とで○○郵便局にて利用代理人口座を作成した。	
3	令和○年○月○日	○○銀行	○○銀行の定期預金を解約し、ゆうちょ通帳に入金した。	
4	令和○年○月○日	自宅	自宅訪問し、施設見学用のパンフレット（【施設A】）を届ける。	
5	令和○年○月○日	自宅	自宅訪問し、施設見学用のパンフレット（【施設B】）を届ける。	
6	令和○年○月○日	事務所	参加者　　○○氏、○○弁護士、○○ 委任契約（ホームロイヤー契約）を正式に締結	委任契約書（ホームロイヤー契約書）公正証書遺言案死後事務委任契約書案
7	令和○年○月○日	自宅	参加者　○○氏、○○弁護士、○○ 自宅訪問し、小遣い○万円を届ける。本人から各種要望を聴取。	立会聴取票
8	令和○年○月○日	施設A	施設A（サ高住）見学	
9	令和○年○月○日	自宅	小遣い○万円を届ける。前回施設見学に行ったが、車いすの人がいたり、認知の進んだ人がいたりする姿をみて、あそこに自分が入るのかと思ったらゾッとした。これから寒くなるし、暗くなるのも早いから、自分のペースでお風呂入ったり、寝たりできるのでしばらく自宅で過ごしたいとの要望を聞いた。	
10	令和○年○月○日	事務所	ホームロイヤー報酬○円（○月分）を報酬口座へ入金	
11	令和○年○月○日	○○公証役場	公証役場にて、公正証書遺言、死後事務委任契約を作成。	公正証書遺言死後事務委任契約書
12	令和○年○月○日	自宅	小遣い○万円を届ける。隣の家の落ち葉が気になるが、ひざが痛くて拾えないので業者にお願いしたいの事で、○○さん【業者】に依頼した。	
13	令和○年○月○日	事務所	ホームロイヤー報酬○円（○月分）を報酬口座へ入金	

14	令和○年○月○日	事務所	電話にて、ケアハウス【施設B】の見学提案を行う。来春に再度検討するとの返事	
15	令和○年○月○日	事務所	落葉回収代○円を○○【業者】に振込	
16	令和○年○月○日	自宅	小遣い○万円を届けた。正月に胸がドキドキしたが、正月で医者はやっていないし、龍馬も休みだったので心配しながら過ごした。○日に近所の内科に行き検査したら、重度の貧血で総合病院の紹介状を出されたので、○日に行きたいのでお願いしますとのこと。○日のタクシーの手配をして、当日の受付を○○が同伴することになった。	
17	令和○年○月○日	○○医療センター	○時から○○医療センターで待ち合わせをし、受付・内科健診を○○が付き添った。高度の貧血のため、○日から入院する事になったので、午後は入院・栄養相談の説明を受けた。（病院の行き帰りのタクシーの手配）本人は入院はしたことがないことから、入院をすることに強い不安があったが、同伴者がいることで不安が徐々に減り、納得した。	
18	令和○年○月○日	事務所	低所得世帯支援追加特別給付金支給口座登録等の届出書を○○市に送付	
19	令和○年○月○日	○○医療センター	○○が○○医療センター西4階病棟にオムツを届ける。	
20	令和○年○月○日	○○医療センター	○○医療センターより緊急の呼び出し。院内で脳内の血管が破裂し、くも膜下出血と診断された。今後の治療方針についての説明を○○弁護士と○○で聞く。	
21	令和○年○月○日	事務所	葬儀会社○○に連絡し、○○氏死亡の際の緊急対応について依頼した。	
22	令和○年○月○日	○○医療センター	○○が○○医療センター西4階病棟にパジャマを届ける。2階コンビニで、ワセリンを購入し救命救急に届ける。面会は叶わず。	
23	令和○年○月○日	葬儀会社	○○氏が○月○日○時○分に逝去し、ご遺体を○○に移送してきたとの連絡を受ける。午前○時より、ご遺体対面、その後葬儀会社にて今後の打合せを行う。	
24	令和○年○月○日	○○寺	○月○日の火葬後、そのまま遺骨を○○寺に持参し供養してもらうことを依頼。正午前後に持参することで調整。	
25	令和○年○月○日	○○医療センター	死亡届の申出人を○○医療センター院長に依頼するため来院。同時に退院手続書類を提出してきた。	
26	令和○年○月○日	葬儀会社	申出人欄に記名・押印された死亡届を届ける。この後は葬儀会社の方で○○市役所に提出。	
27	令和○年○月○日	葬儀会社	○○がご遺体対面。○○も焼香	
28	令和○年○月○日	○○市斎場○○寺	○○市斎場で○○を立ち合いに火葬。その後○○寺にて合祀。	写真
29	令和○年○月○日	○○支所	健康保険、年金、固定資産税、水道関連の手続。	
30	令和○年○月○日	○○銀行○○支店	口座解約に必要な書類の確認	

特集／相続等の観点を踏まえた後見実務

特集 相続等の観点を踏まえた後見実務

⑥ 佐渡市社会福祉協議会における本人死亡後等における対応の実情

佐渡市社会福祉協議会成年後見センター・社会福祉士　佐々木　伸一郎
同　杉坂　芳樹

1　はじめに

新潟県佐渡市（以下、「当市」という）は日本海側最大の離島であり、面積は約855㎢（東京23区の約1.4倍）、令和6年9月末現在の人口は4万8383人（東京23区の約0.5％）、高齢化率43.0％である。近年は、年1000人ペースで人口減少が加速し、過疎化が顕著となっている。2045年の国の高齢化率（36.8％）、75歳以上（後期高齢者）人口率（21.3％）の推計をすでに上回っていることになる。

佐渡市社会福祉協議会（以下、「当協議会」という）では、平成18年4月から島内四つの地域包括支援センターを運営、同年10月には司法過疎であった当市に法テラス佐渡法律事務所が開設された。その頃から地域包括支援センター（以下、「包括」という）では、成年後見制度の相談が年々増加し、法テラスへの相談や連携も多くなっていたが、平成22年頃から第三者後見人がみつからない状況が課題となってきた。

〈図1〉　成年後見人等と本人との関係

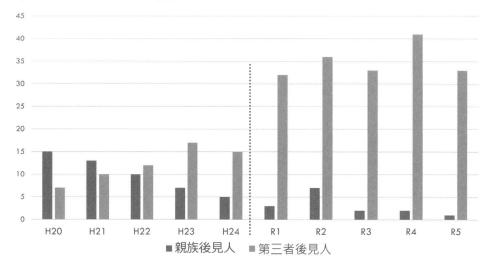

※新潟県社会福祉協議会調べ（新潟家庭裁判所佐渡支部管内における調査結果）
※各年1月から12月の数値（数値は概数である）

当時、この課題について、法テラス佐渡法律事務所の所長であった水島俊彦弁護士が中心となり、プロジェクトチームが結成され、島内での実態調査を実施したところ、第三者後見人の担い手不足が深刻な状況であることが明らかとなった。プロジェクトチームでは、この担い手不足の問題から、①成年後見制度利用支援事業の拡充、②法人後見の機能も備えた成年後見センターの早期開設、③市民後見人等新たな後見人の確保といった三つの対策を市へ要望してきた。

そして、当協議会ではこの地域課題に取り組むことを決め、平成24年4月に成年後見センター（以下、「センター」という）を開設し、法人後見や新たな担い手の確保など成年後見制度等の権利擁護が必要な人が、地域で安心して暮らすことができるよう事業を開始した。

2 センターの運営状況

センター開設から10年が経過し、職員は8名体制で業務にあたっている。主な事業として、①成年後見制度の普及啓発、②中核機関として地域連携ネットワークの機能強化、③市民後見人養成・活動支援、④法人後見の事業等を実施している。また、センターには専門職（介護士、司法書士、社会福祉士）、医療、行政、施設関係等で構成された運営委員会を設置し、法人後見の受任審議、市民後見人の養成に関すること、選考等を行っている。

令和7年1月31日現在でセンターの受任状況は、法人後見では、これまでに49件を受任（うち専門職からの移行6件、補助監督人1件、市民後見人との複数後見1件、市民後見人からの移行案件2件）している。

また、市民後見人については、平成26年10月に新潟県では初めてとなる市民後見人が誕生した。佐渡市では単独受任の形をとっており、センターが養成から活動支援まで、専門職とともに実施をしている。これまでに74件を市民後見人が受任（うち専門職からの移行25件、センターとの複数後見1件、センター法人後見への移行案件2件）している。

市民後見人の案件では、活動支援としてセンターでの随時相談と年5回ほど専門職相談を実施している。専門職相談の状況は〈図3〉のとおりで、死後事務や相続に関することが約7割を占めてい

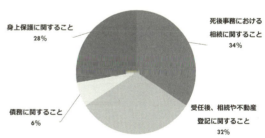

〈図3〉 専門職相談（平成30年4月1日～令和7年2月28日：合計47件）

〈図2〉 佐渡市社会福祉協議会成年後見センター運営体制

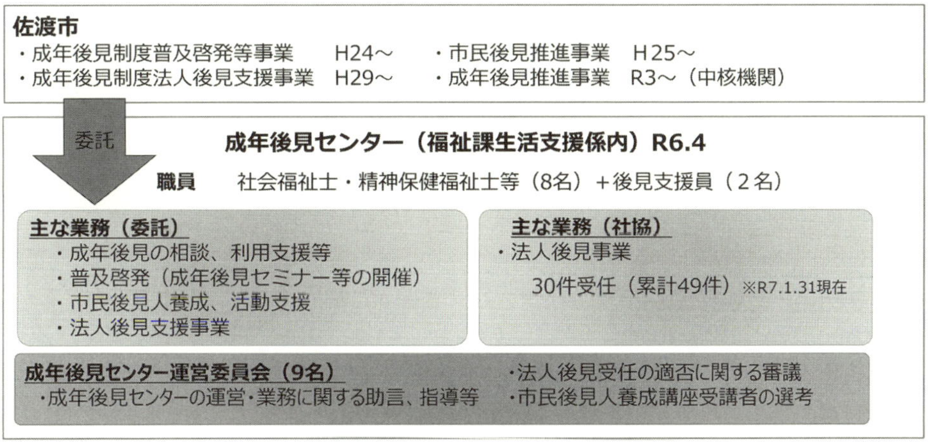

```
佐渡市
・成年後見制度普及啓発等事業   H24〜    ・市民後見推進事業   H25〜
・成年後見制度法人後見支援事業  H29〜    ・成年後見推進事業   R3〜（中核機関）
          │委託
          ▼
成年後見センター（福祉課生活支援係内）R6.4
職員  社会福祉士・精神保健福祉士等（8名）＋後見支援員（2名）

主な業務（委託）                          主な業務（社協）
・成年後見の相談、利用支援等              ・法人後見事業
・普及啓発（成年後見セミナー等の開催）      30件受任（累計49件）※R7.1.31現在
・市民後見人養成、活動支援
・法人後見支援事業

成年後見センター運営委員会（9名）        ・法人後見受任の適否に関する審議
・成年後見センターの運営・業務に関する助言、指導等  ・市民後見人養成講座受講者の選考
```

特集／相続等の観点を踏まえた後見実務

る。

本稿は、センターで実施している法人後見における事例と市民後見人の活動支援における事例の二つを取り上げ、支援中に本人が相続人になった場合や、本人死亡後の事務について実情を記述したい。なお、紹介するすべての事例は個人を特定できないように加工している。

3 【事例1】法人後見事例〜被保佐人が相続人となったケース〜

(1) 死後事務の現状

センターでは、法人として成年後見人等の受任をしている。成年後見制度において、本人の財産管理や身上保護を担うことが主な役割とされているが、本人が亡くなった後の死後事務についても重要な役割を担っている。特に親族のかかわりが希薄なケースでは、成年後見人等が財産の清算や相続手続を円滑に進める役割を果たす必要がある。センターでは成年被後見人等の死後事務を行う際、清算を適切に行い、速やかに相続人へ引き継ぐことを基本方針としている。

死後事務においては、相続の発生が避けられない。トラブルを防ぐために戸籍を取得し、法定相続人を正確に把握することが不可欠である。相続人が複数いる場合は、相続代表者を決めてもらい円滑に手続が進められるようにしている。

本事例では被保佐人が相続人となり、センターにとって相続を受ける側として手続を行うことは初めての事例であった。この実務を通じて、成年後見制度における相続手続の新たな課題がみつかり、より適切な対応が求められることを実感した。以下、本事例について具体的に紹介したい。

(2) ケース概要

本事例の対象者であるAさん（90歳代前半・女性）は認知症を患い、保佐開始の審判を受けた高齢者である。家族構成は夫（施設入所）がおり、子はなく、在宅で福祉サービスを利用して一人暮らしを続けていた。Aさんの保佐人としてセンターが選任され、財産管理、介護サービスの調整

等の身上保護を行っていた。

その後、Aさんの夫が亡くなったことにより、Aさんが法定相続人となった。夫には成年後見人が就任しており、その成年後見人から「相続人は妻であるAさんのみ」との説明を受け、Aさんが単独で引き継いだ。しかし、センターが相続の代理権付与の申立てを行うために亡夫の戸籍を取得したところ、Aさん以外に複数の相続人がいることが判明した。これにより、相続手続は単純なものではなく、遺産分割協議が必要となる状況に変わった。

法人内の体制としてセンター運営委員会があり、経過を報告して助言を受けた。これにより、今後の方向性を明確にすることができた。

(3) 専門職支援を活用した相続手続

Aさんの亡夫の相続手続において、相続人が兄弟姉妹8名であることが判明したため、相続人の調査を進める必要が生じた。また、遺産分割協議を適切に進めるため、専門職（司法書士）に相談し、以下の対応をとった。

(A) 相続人調査と関係図の作成

司法書士に依頼し、まずは戸籍の収集と相続人関係図の作成を行った。その結果、相続人は4名であることが確認された。代襲相続人2名（亡くなった姉の子）、妹1名、弟1名である。

(B) 相続人への連絡と意向確認

相続手続の開始にあたり、司法書士の助言を受けながら、次に相続人全員へ通知文書を送付した。連絡のあった相続人には電話連絡を行い、相続の意向確認と手続等の進め方について説明を行った。

代襲相続人2名は「関係ない、会ったこともない、知らない人からお金をもらいたくない」と話し、相続放棄の意向が示された。

1名は体調面から手続が困難と申出があったため、家庭裁判所に相談をしながら相続放棄の必要書類を準備し、郵送で対応した。しかし、手続中に死亡する事態となった。幸いにもその子が承継人として協力し、相続放棄の手続が完了した。

もう1名についても、やりとりに時間を要した

が、最終的に無事相続放棄が受理された。

妹は施設に入所中であったが、判断能力はあることから、子の協力を得ながら相続の意向を確認した。

弟は通知文書を送付したが連絡はなく、さらに本人限定郵便を送付したが受取りがなかった。

(C) 連絡がとれない相続人への対応

相続人である弟の住所を確認したところ、住まいは賃貸であったことから不動産会社に連絡した。弟の状況について問い合わせたが、個人情報の関係で具体的な回答は得られなかったものの、契約は継続していることが確認できた。

このままでは相続手続が進まないため、家庭裁判所に相談して助言を受けた。その結果、弟の住所地の包括および行政に情報提供を依頼し、所在確認を進めることとなった。併せて弟の安否確認も必要と判断し、まずは所在地（県外）の包括に相談を行った。包括では直接のかかわりはなかったものの、行政に確認して担当者がわかったと報告を受けた。

包括から行政（生活保護の担当課）の担当者へとつないでもらい、弟の無事を確認することができた。最終的に弟と直接連絡をとり、相続の意向を確認することができた。相続手続の際には、行政から協力を得られた。

(D) 遺産分割

代表相続人として手続を円滑に進めるにあたり、専門職から随時助言を受けながら遺産分割を進めた。他の相続人と相談し、遺産分割については法定相続分で分配することになり、Ａさんの法定相続分を確保することができた。

(4) 関係機関との連携

相続手続では、法的手続の遵守だけではなく、適切な判断が求められるため、多方面からの助言や協力が必須である。本事例では専門職や家庭裁判所、包括、行政などの関係機関と連携しながら対応を進めた。

(A) 家庭裁判所への相談と助言

家庭裁判所に訪問し、相続人の１名と連絡がと

れない状況について説明した。家庭裁判所からは実務的なアプローチについて助言を受けることができた。成年後見人等が関与する相続手続において、家庭裁判所の見解を踏まえながら進めることが重要である。

(B) 地域包括支援センターと行政との連携

連絡のとれない相続人の住所地にある包括および行政にも協力を依頼した。相続人の直近の状況（安否確認含む）確認が必要だったため、担当者につないでもらうことができた。このように地域の関係機関とのネットワークを活用することで、より的確に相続人の状況を把握し、適切な対応を検討することが可能となった。

(C) 関係機関との連携の重要性

本事例を通じて、成年後見制度の下での相続手続においては、専門職や家庭裁判所、地域の関係機関との連携が不可欠であることを再認識した。特に連絡のとれない相続人がいる場合、単独で解決することは難しく、多方面からの協力を得ることで手続を円滑に進めることができる。こうしたネットワークを活用し、最善の対応をすることが重要であり、求められている。

(5) 被保佐人の支援と身上保護

本事例では相続手続に加え、夫の死亡後のＡさんの身上保護にも重点をおいて支援を行った。夫の死により生活環境が大きく変化し、精神的にも不安定な状態が見受けられたため、適切な支援が求められた。

(A) 夫の死後の不安と支援

夫が亡くなった後、Ａさんはセンターや関係機関へ頻繁に電話をするようになり、不安を訴えることが増えた。そこでセンターは訪問回数を増やし、Ａさんの気持ちを丁寧に聞き取ることを心がけた。Ａさんは一人暮らしへの不安を抱く一方で、夫と過ごした思い出のある家に住み続けたいという気持ちもあり、葛藤している様子であった。

(B) 納骨の支援と親族との同行

亡夫の納骨の際には、Ａさんの意向もあり、Ａさんの親族とセンター職員が同行し、見守り支援

特集／相続等の観点を踏まえた後見実務

を行った。夫との別れをあらためて実感する場面であったが、Ａさんは心の整理をつけることができたようにも感じた。

(C) 施設入所の意思確認

夫の死後しばらくして、Ａさんは今後の生活に対する不安から、自ら施設入所の意向を示した。夫の死やＡさん自身の入院による不安、能登半島地震や自宅付近の火災による恐怖など、さまざまなことが身近で起きたことがきっかけになっている。Ａさんは支援が受けられる環境を望んでいたため、Ａさんの気持ちに寄り添い、何度も対話を重ねた結果、グループホームへの入所を決断した。

(D) 心理的なケアへの配慮

本事例では相続手続だけでなく、Ａさんの心理的なケアや生活の安定にも配慮する必要があった。こまめに訪問を行い本人に寄り添う支援を心がけた。午前中は気持ちが不安定なことが多いため、亡夫の手続関係の話や、施設入所の説明および意思確認は午後から行うようにした。施設入所については本人の意思を尊重した。施設の選択肢を提示し、最終的な決断を支援した。納骨の際には親族に同行してもらうことで精神的な支えになるように配慮した。

成年後見制度は財産管理だけではなく、本人の生活や気持ちの変化にも寄り添うことが求められる。今回の支援を通じて、Ａさんの意思を尊重しながら生活の安定につなげることの重要性を再認識した。

(6) 死後事務の課題と法人後見としての使命

本事例では相続人確認を徹底し、適正な手続を進めることの必要性、専門職や関係機関と連携を図ることの重要性、そして本人の意思を尊重した支援のあり方があらためて浮き彫りとなった。特に法人後見として死後事務を担う中で、戸籍調査の不足が相続手続を複雑にした。また、離島であるがゆえに、相続人をはじめ、関係者との連絡調整は電話と書類の郵送の対応であったことから時間を要した。今回は関係機関と連携しながら進めたことで、相続手続を適正に進めることができた

が、今後もスムーズな事務処理を行うための体制整備が求められる。

また、相続人が多数いる場合や、行方不明者が存在するケースでは調査が複雑であり、後見業務が増すことで負担となる。今回のケースでも、相続放棄の手続中に相続人が亡くなり、新たな承継人が発生するなど、事務の煩雑さを実感した。相続人の調査、亡夫の菩提寺と納骨の調整、Ａさんの日々の支援や施設入所の準備など多岐にわたる対応が求められた。

さらにＡさんの相続手続を進める一方で、並行して別のケースの死後事務を行うこととなり、業務の多さを痛感した。限られた職員数で複数の案件を同時に進める難しさをあらためて認識し、法人後見における業務の軽減や効率化について検討する必要があると感じた。

しかし、成年後見制度は財産管理だけではなく、本人の生活や意思決定を支援する役割を担っており、Ａさんへ施設入所の選択肢を提示しながら意思確認を重ね、最終的にＡさんが納得のうえでグループホームへ入所できたことは、成年後見制度の意義を再認識する機会となった。法人後見として、本人の意思決定を支える役割の重要性をあらためて感じるとともに、今後も本人の最善の利益を考えた支援を続けていく使命があると考える。

4 【事例2】市民後見人の死後事務〜キラキラネットワークで孤独な市民後見人をつくらない〜

(1) 市民後見人の養成・支援体制

当市では、市民後見人を行政や当協議会だけでなく、医師や弁護士、司法書士、社会福祉士等の専門職、民生委員やケアマネジャー、相談支援専門員等の関係機関、地域や市民後見人の仲間等がチームとなって支援する体制(当協議会では、「キラキラネットワーク」と呼称)があり、成年被後見人等の支援の充実にもつながっていることが家庭裁判所に認められ、市民後見人が単独受任している。

〈図４〉　市民後見ネットワークの構築

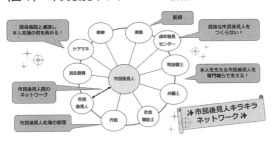

※中核機関の先駆的取組調査研究委員会（事務局：公益社団法人日本社会福祉士会）「中核機関の立ち上げ・先駆的取組事例集～権利擁護・成年後見体制整備の地域の取組ヒント集～」（令和２年３月）に寄稿した図を改変。

毎年開催している市民後見人養成講座には、10～15名の受講があり、令和７年１月31日現在で名簿登録者数は85名、受任者数は42名となっている。

市民後見人への活動支援として、初回報告や定期報告、随時の相談支援を行っており、必要時には弁護士や司法書士等による専門職相談を実施している。その他、年間４回市民後見人のフォローアップ研修を実施しているが、そこでのアンケートでは、受任者・未受任者とも死後事務に関する研修希望が多い。終了後に財産引継ぎできるのかについて、関心は高い。

市民後見人養成講座では、本人が亡くなってから引き継ぐまでの対応について、弁護士や司法書士から講義・演習を受けている。しかし、実際に受任した後にどのように対応する必要があるのかは、本人・相続人の状況によりさまざまであるため、センターでの打合せや、専門職相談による支援をしている。

以下、市民後見人の死後事務の支援をした直近の事例を紹介したい。

(2)　ケース概要

本事例の対象者であるＢさん（80歳代前半・男性）は、未婚で婚外子もなく、親、兄弟は亡くなっている。申立人の従弟は、Ｂさんの面倒をみていた申立人の親から支援を引き継いでいたが、島内の親族としての世間体による最低限の支援であり関係性は希薄であった。

申立人の高齢化により支援の継続に不安があることと、申立人の子には同様の支援を引き継がせられないとの理由で申立てに至った。

受任調整会議にて市民後見人候補者となったのは、他市民後見人からのすすめや、センター主催のセミナーで当市の現状を知り、本人の支えとなる当市の市民後見人の活動をつなげていきたいと養成講座を受講した人であった。人のために行動し、相手に満足してもらえるとうれしいとの思いがあり、受任してもらえることとなった。

受任後、市民後見人とセンター職員とともにＢ

〈図５〉　市民後見人の受任件数

年度	新規	終了
H26	1	0
H27	4	0
H28	11	3
H29	4	2
H30	3	2
R1	7	2
R2	2	3
R3	14	5
R4	7	2
R5	12	8
合計	65	27

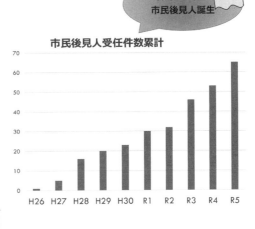

特集／相続等の観点を踏まえた後見実務

さん・従弟と面会し、従弟から医療同意や死後事務の対応について協力が得られることを確認したものの、推定相続人にあたる甥姪の所在はわからず終了時の引継ぎ先は未定の状況だった。

(3) 相続財産清算人選任の申立て

生前に戸籍取得による甥姪の所在把握ができなかったが、Bさん死亡後に相続人を再調査し、甥姪の連絡先を確認することができた。センターでは、市民後見人といっしょに甥姪に伝えたい内容を検討し、市民後見人が手紙や電話で説明できるよう支援した。甥姪は、Bさんと疎遠かつ県外在住でもあり、家庭裁判所への相続放棄手続を選択した。

市民後見人は、相続による引継ぎができなかったこと、本来はBさんが死亡した時点で終了であることから小さくない動揺があったが、センターで面談して今後の対応を整理することで気持ちを切り替えていけるように支援した。

その中で、Bさんの預金残高が100万円程度であり、土地・建物の不動産があったため、死後事務の終結に向けた対応について専門職相談にて弁護士から助言を得ることを提案した。

弁護士による専門職相談を実施し、以下の点について助言を得た。

相続財産清算人選任の申立てを行い、清算人に引き継ぐ方法がある。ただ、不動産の解体費用が見込まれる。清算人の報酬費用も必要であり、申立て時に予納金を求められる可能性がある。予納金は申立人負担となるため、家庭裁判所に予納金が必要か確認したほうがよい。

家庭裁判所へセンター職員も同行し、市民後見人としては予納金を納めることが難しいことを説明し、予納金は不要と確認した。

しかし、市民後見人は、「Bさんの財産で対応できない場合、不足分の負担を求められたら拒めないのではないか」との不安が払拭できなかった。司法書士に相談し「家庭裁判所で不要というのであれば大丈夫ではないか」との言葉があり、市民後見人も納得して申立てを行うに至った。

(4) 死後事務での課題

本事例では、市民後見人にとっては甥姪が相続放棄の選択をしたことの落胆や相続財産清算人選任の申立てに至るまでの葛藤といった精神的な負担感があり、かつ必要な書類が多く煩雑だったことも大きな負担だったのではないかと考えている。センターでは、市民後見人への気持ちの寄添いや事務支援でのフォローを丁寧に行い、市民後見人が主体的に活動できるよう心がけてきた。ただ、実際に相続財産清算人が選任されるのかどうかは見通せない状況下にあり、引継ぎ不能となる可能性も残されている。

市民後見人の死後事務では、相続人代表者への引継ぎをもって終了することが多かったが、令和5年度以降は本事例のように相続財産清算人選任の申立てが必要な事例が多くなっている。相続人が相続放棄の手続を行わないため、相続財産管理人選任の申立てをする事例もある。ただ、財産がないため、いずれの申立てもできず、市民後見人が通帳を管理し続けなければならない事例もある。また、市民後見人の健康状態の悪化により、申立てを専門職に委任するか検討した事例もあったが、市民後見人が高額の委任費用を自己負担する必要があり断念した。センターが代わって行う権限はないため、申立準備を市民後見人の体調のよいときに支援した。

親族関係が複雑な事例であれば、戸籍調査を行い、すべての相続人に説明する中で、「本人とは何も関係ない！そんな面倒なことを言われても困る！」などの心ない言葉を返されることもあった。相続放棄をしたか確認する際には、相続人が家庭裁判所に手続する必要がある。家庭裁判所とのやりとりが面倒であることや費用負担がかかることの不満をぶつけられ、市民後見人が「もう連絡したくない」と吐露し、傾聴に徹する場面もあった。

相続人や相続財産清算人への財産引渡しに至るまでの過程は、専門職にとっては専門知識や対応の蓄積があるが、市民後見人にはそのようなものがない中で、相続人確定や相続財産清算人選任の

申立てができるまで長い道のりを要することになり、その際に相続人から継続的な負の感情にさらされる場合もある。

相続人や相続財産清算人に財産を引き継ぐことができたとしても、このような経験をした市民後見人は、次の受任に対して消極的になる要因となっている。相続財産管理人や相続財産清算人の選任申立てまでの精神的、事務的な負担が大きいことや、引継ぎができない場合もあることが課題となっている。

(5) 市民後見人を取り巻く状況の変化

市民後見人が受任した当初には、引き継ぐ予定だった推定相続人がいたとしても、終了時点では相続人が死亡、または高齢になり相続放棄をする場合がある。受任期間が長くなる中で、想定していなかった事態に直面することは多々ある。

今回の事例のように、地域の地縁血縁の担い手（支援の継承者）がいない場合もある。当市は離島であり、市内で支援を完結する必要があるが、法人・専門職ともに受任件数は常に飽和状況にある。結果として、当初市民後見人が候補者となると想定されていた安定した事例ではなく、死後の引継対応が複雑になることが予見される事例であっても、センターや専門職のサポートがあれば対応可能と見込まれる事例については市民後見人に候補者推薦がなされており、このような事例の受任が増加してきている。

(6) キラキラネットワークの展望

令和7年1月31日現在、市民後見人名簿登録者85名のうち32名が70歳以上であり、12名は75歳以上となっている。今後、健康面や加齢により市民後見人の辞任・名簿登録抹消が増えていくことが見込まれる。当市では少子高齢化や地域関係の希薄化などを背景に、既存の広報活動では市民後見人養成講座参加者を募集することが難しくなっている。当協議会の強みである地域福祉のネットワークを活用しながら、地域の人材の掘り起こしを展開している。継続的に市民後見人を養成することに加え、死後事務の不安や負担感を軽減でき

るようフォローを充実させていく必要がある。

また、安定した事例を専門職から市民後見人に移行することで、専門的支援が必要な事例に対しては専門職後見人が受任できる受任調整の体制づくりを構築していく必要がある。

市民後見人養成講座修了後に社会福祉士の資格取得、ぱあとなあ養成研修を修了して専門職後見人として受任をめざす人材も出てきている。当協議会の取組みにより、新たな専門職後見人の誕生につながったことは望外の成果といえる。市内で専門職や法人、市民後見人がそれぞれの強みを活かしながら支援を展開していけるように中核機関としても家庭裁判所や行政、関係機関と連携していくことを展望している。

5　おわりに

成年後見人等の担い手不足の課題解決から始まった「佐渡モデル」は同じ地域に住む多職種の関係者（オール佐渡）の知恵の結晶であった。いわゆる「権利擁護支援の地域連携ネットワーク」の礎ともなり、中核機関へ受け継がれた。

また、親族でもない、専門職でもない、身近な地域住民が後見を担う市民後見活動は、市民権を得たといっても過言ではない。

今回、二つの事例を紹介したが、二つの事例は特別なことではないととらえている。ただ、身上保護を得意とする社会福祉協議会の法人後見や市民後見人にとって、専門的な知識をもって成年被後見人等の死後事務を行うことは戸惑いの連続であったといわざるを得ない。

頼れる親族がいない、家族関係が希薄で連絡がとれない、相続人がいても相続を放棄する等、時代の流れとともに、古きよき地縁血縁があった佐渡では想像もつかなかった課題が顕在している。今後ますます、専門職とチームを組んで対応していくことが求められている。

そして、成年後見人等の担い手不足も引き続き大きな課題である。人口減少、少子高齢化が進み、顔の見える関係づくりであった「オール佐渡」で

特集／相続等の観点を踏まえた後見実務

はそろそろ限界となり、市内で福祉課題を完結することは難しい。

当協議会では事例を積み上げ、研修等により、制度に関する知見を深めるよう職員の資質向上に努め、今後も必要時には専門職による助言を得られる体制を維持する。そして、市内外からの支援を受けながら、ネットワークを広げていくことが重要であり、持続可能な権利擁護支援を実践していけるよう、「新たな佐渡モデル」を模索していきたいと考える。

（ささき・しんいちろう）

（すぎさか・よしき）

■21世紀の司法書士像を創る総合法律情報誌！■
市民と法
（Ｂ５判・年６回・直販年間購読制　定価11,000円（10％税込））
──No.152（'25年４月１日発刊）の主な内容──
【特集】 国土安全保障法と土地法

・企画趣旨　　　　　　　　　　　　／久末弥生

・縮小社会に適応する地域空間管理法制と法的課題
　　　　　　　　　　　　　　　　　／北村喜宣

・遊水地地役権の展開と課題　　　　／奥田進一

・国土安全保障法制と議員立法　　　／高野恵亮

ほか

■日本執行官連盟・編集■
新民事執行実務
（Ｂ５判・定価1,650円～3,190円（10％税込））
──No.20（'24年３月31日発刊）の主な内容──
【特集】新時代に適応する執行実務

1　「新民事執行実務」20号の刊行に寄せて
　　　　　　　　　　　　　　　　／福田千恵子

2　民事執行手続のIT化
　　　　　　　　　　　　　　　　／山本和彦

3　東京地方裁判所民事執行センターにおける
　　秘匿制度の運用および執行官実務上の留意点
　　　　　　　　　　　　／池上裕康・片山真一

4　所有者不明土地と強制執行
　　　　　　　　　　　　　　　　／曽我一郎

ほか

■最先端の理論・実務を紹介する専門誌！■
現代消費者法
（Ｂ５判・年４回発行・定価2,640円～3,100円（10％税込））
──No.66（'25年３月15日発刊）の主な内容──
【特集】支払決済法制と消費者

・キャッシュレス決済の多様化とリテール
　決済法制の今後のあり方　　　　千葉恵美子
・支払決済と業規制　　　　　　　得津晶
・決済代行業者等の法的責任　　　森田果
・支払決済と消費者信用　　　　　今川嘉文
・支払決済と消費者被害補償　　　松本博
・支払決済と暗号資産・電子決済手段　深川裕佳
・支払決済とポイント　　　　　　杉浦宣彦
・支払決済と個人情報保護　　　　上机美穂

ほか

■知的財産・バイオ・環境・情報・科学技術と法を結ぶ専門情報誌■
Law & Technology（略称：L&T）
（Ｂ５判・年４回発行・107号（'25年４月刊）・定価2,860円（10％税込））
定期購読者限定　電子版　配信中！
【座談会】知的財産制度改革20年の歩みと今後の展望
中山信弘／久保利英明／小松陽一郎／末吉亙／清水節／林いづみ〔聞き手〕／相良由里子〔総合司会〕

【論説・解説】
・パブリシティ権に関するドイツ法の最新判例と
　日本法解釈論の課題　　　　　　／本山雅弘
・特定デジタルプラットフォーム取引透明化法に
　ついて　　　　　　　　　　　　／佐藤周平

【知財訴訟の論点】
・限界利益の算定に関する最近の裁判例から／杉浦正樹

ほか

発行　**民事法研究会**　　〒150−0013　東京都渋谷区恵比寿 3 - 7 -16
〔営業〕TEL03−5798−7257　FAX03−5798−7258

特集　相続等の観点を踏まえた後見実務

⑦ 福岡市社会福祉協議会における死後事務等の対応の実情

福岡市社会福祉協議会相談支援課あんしん生活支援センター所長　牛　島　優　太

はじめに

　少子高齢化や世帯人員の減少、単身化等の進行、孤立死や認知症の人の増加などを背景として、地域における福祉課題が複雑・多様化する中、複合的な課題を抱えながら、制度の狭間で支援を必要としている人たちを支える包括的・総合的な支援策の展開が求められている。福岡市社会福祉協議会（以下、「本会」ともいう）では、「第6期地域福祉活動計画」（令和3年度〜令和8年度）を策定し、「つながりで"元気""安心"なまちの実現」を目標に掲げ、個人の尊厳を守りながら、弱い立場の人を排除しない地域共生社会の実現をめざした取組みを進めている。

　本会が所在する福岡市は、全国的に人口減少社会を迎える中でも一貫して人口の増加を続けており、令和7年1月1日時点での人口は165万9344人となっている。一方で、高齢化の進展に伴い認知症高齢者も増加し続けており、福岡市の推計によると令和22年には6万8700人の人が認知症になると見込まれている。さらに単身化・核家族化が進む中、高齢者の単独世帯や高齢者のみ世帯で認知症のある人も増えていくと予測される。そのような情勢の中、本会は判断能力が低下しても「自分らしく生活をしたい」という個人の尊厳を守るために、本人の意思決定を支援するとともに、さまざまな分野・主体と連携した「チーム支援」を実践しながら、権利擁護支援体制の強化を図っている。

　本会の生活支援部相談支援課（〈図1〉参照）に属する「あんしん生活支援センター」は、認知症や知的障がい、精神障がい等で判断能力が不十

〈図1〉　福岡市社会福祉協議会相談支援課の体制

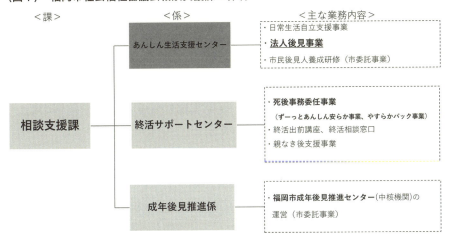

分な人の権利擁護を図り、住み慣れた地域で安心して生活してもらえるよう、日々業務を行っている。あんしん生活支援センターでは個別支援を行う事業として、利用者との契約に基づいて福祉サービス利用や金銭管理等の支援を行う「日常生活自立支援事業」と、親族や専門職による成年後見人等（以下、「後見人等」という）が得られにくい人に対して、本会が法人として後見人等に就任する「法人後見事業」を実施している。

本稿では、今回の特集に基づいて、本会の「法人後見事業」の概要、死後事務の実施状況や課題、実践事例等を紹介したい。

1　法人後見事業

⑴　事業概要

本会の法人後見事業は平成24年に開始した。事業開始以降の累計で136名の後見人等を受任しており、令和7年1月1日時点での受任状況は49名（後見23名、保佐19名、補助7名）である。

実施体制は、予算や人員の管理など事業運営のマネジメント部分を担う正規職員2名（他事業との兼務）、成年被後見人等（以下、「被後見人等」という）の身上保護や財産管理・家庭裁判所への報告等の実務を担う専門員（嘱託職員）3名、事務職員（短時間勤務職員）1名となっている。また、福岡市が実施する「市民後見人養成研修」を修了した市民後見人候補者のうち、希望者と本会が雇用契約を締結し、「法人後見サポーター」の呼称で法人後見事務の履行補助者として活動してもらっている。この「法人後見サポーター」のしくみは、本会の法人後見業務をサポートしてもらいながら、市民後見人候補者にとっては後見実務の経験を蓄積する機会ともなっており、将来的には市民後見人単独受任に引き継ぐこと（リレー方式）を目的としている。

本会から市民後見人に移行したケースについては、本会が一定期間、後見等監督人に就任し、市民後見人の監督およびサポートを行っている。福岡市においては、令和4年に初めて市民後見人が誕生したが、本会ではこれまでに5件の法人後見受任ケースを市民後見人に引き継ぎ、その後見等監督人に就任しサポートを行っている。

⑵　受任要件

本会が規定している「法人後見事業実施要綱」において、後見人等を受任する対象者は福岡市内に在住する者で、後述する成年後見運営委員会（以下、「委員会」ともいう）において下記のいずれかの要件を満たすと判断された者としている。

---

① 紛争性がなく、身上監護と日常的な金銭管理が支援の中心であること。

② 本会が実施する日常生活自立支援事業等の利用者ないし利用しようとした者で、日常生活自立支援事業等では対応が困難である者のうち、前号に該当する者であること。

③ その他、市町村長の申立等、特別の事由により本会が後見人等となる必要があると判断された者であること。

上記のように、本会の日常生活自立支援事業等を利用している人が、加齢等により判断能力が著しく低下し、契約に基づく支援内容の理解が難しくなった際や、不動産の管理・処分や施設入所の代理契約など代理権の行使が必要になった際に後見等開始の審判申立てを行い、法人として後見人等に受任することが基本パターンとなっている。

ただし、上記の要件を満たす場合であっても、対象者の特性や生活課題から、弁護士等の専門職が受任したほうが対象者のメリットが大きいと考えられる場合は、本会による法人後見ではなく、専門職後見人等による支援を勧奨している。

2　後見実務に関する助言や監督のしくみ

近年、地域住民の抱える課題が複雑・多様化する中、本会が後見人等を受任するケースでも支援に困難を伴う場面が多く発生している。法人後見業務において、法律上の課題に直面した際や難し

い判断を迫られた際は、成年後見制度の監督機関である家庭裁判所に相談し指示を仰いでいるが、そのほかにも、下記のとおりの相談体制を整え、後見業務の適正化や職員の負担軽減を図っている。

(1) 成年後見運営委員会

後見人等の業務を適切に遂行するためには、専門的な知識や経験が必要不可欠であり、法人後見事業の適正性を担保するためには、第三者がその運営に関与することも必要である。そこで、本会では法人後見事業における第三者委員会である「成年後見運営委員会」を設置している。委員会は、法律職・福祉職・医療職・学識経験者・行政機関等の有識者からなる委員7名で構成されており、隔月で会議を開催している。委員会は、法人としての成年後見制度への取組みのあり方や事業運営に関する助言や監督、後見人等の受任依頼を受けた場合の適否審議、具体的な実務の方法や被後見人等への生活支援に関する助言、家庭裁判所への定期報告の内容確認、個別事例の市民後見人への移行等に伴う本会の後見人等、または後見等監督人の辞任の適否審議等の役割を担っている。

(2) 福岡市成年後見推進センター

本会は、成年後見制度の利用の促進に関する法律（平成28年5月13日施行）および成年後見制度利用促進基本計画の趣旨を踏まえ、福岡市が令和3年10月1日に設置した中核機関である「福岡市成年後見推進センター」（以下、「推進センター」という）の運営業務を受託し、成年後見制度の普及・啓発および相談対応、後見人等候補者の受任調整など、成年後見制度の利用促進に向けて取り組んでいる。

組織の構成上（〈図1〉参照）、法人後見事業を実施するあんしん生活支援センターと推進センターは別係であるが、法人後見事業の後見実務において疑義が生じた際には、推進センターに相談することがある。また、市民後見人の養成については、あんしん生活支援センターと推進センターが連携して行っており、法人後見事業から市民後見人への移行案件については、移行の妥当性につ

いて推進センターで開催している受任者調整会議において審議を受けている。

(3) 顧問弁護士

本会は弁護士と顧問契約を締結しており、本会の事業において発生した法律問題について相談し、解決方法等について助言をもらう機会を定期的に設けている。また、契約書等を作成する際のリーガルチェック、緊急性の高い法律問題に関する相談にも随時対応してもらっている。

法人後見事業の運営や法的な問題を有する個別事案の対応についても助言を仰いでおり、事業運営の適正化や職員の負担軽減等につながっている。

3 福岡市社会福祉協議会が法人後見を行う意義

前述のように本会の法人後見事業では、基本的に本会とサービス利用契約を結んでいた日常生活自立支援事業等の利用者を受任対象としている。日常生活自立支援事業等を利用している人が後見等開始の審判申立てを行い、法人として後見人等を受任することで、事業担当者の変更は生じるものの、本人の情報を本会内で共有し、切れ目なく継続的に支援することが可能である。

また、本会が地域福祉活動に取り組む中で培った地域生活支援や権利擁護支援のノウハウ、多様な主体とのネットワークや信頼関係を駆使して、個別具体的なニーズに応えるための公共性と専門性の両面から支援体制を提供することが可能である。具体的には以下の内容があげられる。

(1) 継続的かつ安定した後見等支援

個人の後見人等と異なり、組織としての支援が可能である法人後見では、後見人等の変更や死亡による影響を受けにくく、長期にわたって安定的に支援を行うことができるため、特に若年の障がい者にとっては大きなメリットとなっている。また、担当者が何らかの理由で支援を行うことが困難になった場合は、担当者を交代する等の柔軟な対応が可能である。

(2) 専門性の活用

特集／相続等の観点を踏まえた後見実務

本会はこれまでの地域福祉活動の中で培った地域生活支援や権利擁護支援のノウハウがあり、福祉サービスにも精通している。そのため、被後見人等の生活支援や福祉サービスの活用について適切な助言・支援が可能である。また、法律や財産管理の専門家（弁護士・司法書士等）とも連携し、より質の高い権利擁護支援を行えるよう努めている。

⑶ 地域に根ざした支援

地域福祉の推進を目的とする社会福祉協議会（以下、「社協」という）として、介護保険サービス等のフォーマルな社会資源だけでなく、地域住民による組織・ボランティア・民生委員・NPO法人等のインフォーマルな社会資源も活用しながら被後見人等を支援できる。本会のもつ行政や福祉関係者、地域住民等との多様なネットワークを活かして、被後見人等が地域社会で孤立することなく、総合的な支援を提供することが可能である。

⑷ 不正の防止、中立性の確保

複数の職員が関与することにより、担当する職員一人の主観や考えに依存せずに、組織として支援方針等の判断および意思決定していくため、職員の心理的負担を軽減することが可能である。また、複数の職員による相互牽制や前述の委員会による監督機能が働き、後見業務における不正行為の防止や事業の透明性を確保することが可能となる。それが利用者の財産管理におけるリスクを軽減させ、被後見人等だけでなく職員を守ることにもつながる。

⑸ 後見活動の普及と社会的責任

法人として後見活動を行い、市民後見人養成にも取り組むことで、成年後見制度の普及・啓発、利用促進、権利擁護を担う人材の裾野を広げることにつながっている。

4 法人後見における死後事務の課題

⑴ 法人後見事業における死後事務

法人後見に限った話ではないが、被後見人等が死亡した時点で、後見人等の法定代理権は消滅し、後見人等の職務は終了する。後見人等であった者には「管理計算業務」と「相続人への相続財産の引渡し業務」を行うことのみが義務として残ることが原則であり、その他の死後事務は相続人に引き継がれる。しかし、本会で受任しているケースの大半は、「被後見人等に身寄りがない」「親族がさまざまな事情（被後見人等との関係性、親族の高齢化等）により死後事務を担えない」等の状況にあり、死後事務を行わざるを得ないことが多いのが実情である。

平成28年10月13日に施行された「成年後見の事務の円滑化を図るための民法及び家事事件手続法の一部を改正する法律」により、後見類型において成年後見人が行う死後事務の範囲が明確になったが、保佐類型や補助類型はその対象外である。しかし、本会において死後事務を行わざるを得ないのは、保佐類型および補助類型のケースでも同様であり、その場合は連絡のとれる親族や家庭裁判所に、随時確認、報告を行いながら死後事務を実施している。

⑵ 法人後見事業における死後事務の課題

(A) 業務負担

相続人が死後事務を行わない場合、死亡直後に必要な事務として、遺体の引取り、死亡届の提出、火葬・遺骨の処置がある。その後は、遺産を引き渡すために相続人調査を行う必要があるが、相続人を確定させるためには被相続人の出生から死亡に至るまでの連続した戸籍を揃え、その戸籍に記載されている関係者の戸籍等を取得していかなければならない。そのため、相続人の数によっては多大な時間と労力を要することになる。また、相続人の居所を把握し手紙等で接触を試みても、反応が得られない等の事情により、意向を確認するまでに時間を要する場合がある。

(B) 相続等に関するトラブル

本会が死後事務を行う場合、可能な限りあらかじめ被後見人等に葬儀や納骨に関する意向を確認しておき、それに沿って対応するようにしているが、急な死亡等で被後見人等の意向を確認できな

64　　実践　成年後見　No.116／2025.5

いまま死後事務を行わざるを得ないこともある。その場合は、支援関係者や親族等とのチームで、被後見人等の生前の言動等から意思を推定し、葬儀や納骨等の対応を行っている。しかし、後日相続人から、葬儀費用等に対して苦情が寄せられることも想定されるため、被後見人等の意向が不明だった場合は葬儀の内容を必要最低限にするとともに、金額の正当性を証明できるよう記録や資料を取り揃えることで、トラブルの防止を図っている。

被後見人等の遺産に関して、親族以外とトラブルになった事例もある。過去に本会が保佐人となったケースにおいて、遺贈に関するトラブルが発生し、弁護士等に相談しながら対応したケースがあるため紹介したい。ただし、事例についてはプライバシーに配慮して内容の一部を加工してあることをご了承いただきたい。

【事例1】 Aさんのケース（遺贈先が異なる二つの遺言書が存在したトラブルへの対応）

> Aさんは80歳代前半まで夫と自宅で生活していたが、転倒による骨折を繰り返し、ADLが徐々に低下。在宅生活が困難となったため、Aさんが83歳のときに本会の支援を受けて、夫婦でサービス付き高齢者向け住宅へ入居した。
>
> Aさん夫婦には頼れる親族がいなかったため、自分たちの遺産をどのようにするか悩んでいたが、サービス付き高齢者向け住宅への入居を機に、本会の死後事務委任事業である「ずーっとあんしん安らか事業」（事業の詳細は後述する）を契約した。Aさんの遺産を交流のあった二従姉妹の夫（Bさん）に遺贈する旨の公正証書遺言を作成し、司法書士を遺言執行者に指定した。Bさんは県内に住んでいたが、日常的な支援は期待できなかった。
>
> 夫婦ともに認知機能が徐々に低下し、財産管理や諸手続を自分たちで行うことが難しくなったため、Aさんが84歳のときに夫婦とも

に後見等開始の審判申立てを行い、Aさんは保佐類型、夫は後見類型の審判を受け、本会が保佐人および成年後見人に就任した。

Aさんが86歳のときに夫が死去し、Aさんは90歳で老衰により死去した。Aさんの死後、本会にて死後事務を行い、残された約2500万円の遺産は公正証書遺言に従って遺産を遺言執行者に引き継ぐ予定であった。しかし、書類の整理をする中でAさんが作成した自筆証書遺言書の預かり証がみつかり、預かり証に記載されていたX弁護士と連絡をとったところ、Aさんが公正証書遺言を作成した後の86歳のとき（本会が保佐人就任中）に、遺産全額をY団体へ寄付する旨の自筆証書遺言書を作成していたことが判明した。Y団体は、Aさんが若い頃から所属していた団体で、Aさんの思い入れは強かった。

Aさんが保佐類型の審判を受けた後に作成された自筆証書遺言であったため、遺言として有効であるのか、本会が保佐人としてどのように対応すべきか判断が難しい状況であった。そこで、本会の顧問弁護士に相談し、助言を仰いだ。

顧問弁護士の見解としては、自筆証書遺言を作成した86歳時点の遺言能力はグレーゾーンと思われ、一般的には公正証書遺言より後に作成された自筆証書遺言が有効になる可能性が高いが、公正証書遺言における受遺者であるBさんが受遺についてY団体と争う意思があるか確認する必要があるため、まずはBさんに正確に情報を伝えたうえで意思確認を行うよう助言を受けた。また、Bさんと団体が裁判で争う場合は、自筆証書遺言書を作成した時点で、遺言能力があったかどうかが争点となるとのことであった。

その後、本会からBさんに状況を説明し、受遺について意向を確認したところ辞退したため、X弁護士にその旨を報告。X弁護士が福岡家庭裁判所に自筆証書遺言の検認申立て

特集／相続等の観点を踏まえた後見実務

を行い、X弁護士が遺言執行者に就任したため、本会よりX弁護士へ遺産の引継ぎを行って、対応を終了した。

5 福岡市社会福祉協議会における法人後見事業と死後事務委任事業の連携

ここからは、本会が行っている法人後見事業と死後事務委任事業との連携について説明したい。

(1) 福岡市社会福祉協議会の死後事務委任事業

本会の生活支援部相談支援課（〈図1〉参照）に属する「終活サポートセンター」は相続・葬儀・生前整理・終末期医療・介護・権利擁護・死後事務・社会参加など、終活に関して多岐にわたる不安や疑問などの相談に対応するほか、出前講座などによる終活の啓発活動、死後事務委任事業、親なき後の子の生活に不安を抱えている世帯を伴走支援する「親なき後支援事業」など、終活に関する総合的な支援を行っている。

終活サポートセンターでは、「身寄りがなく自分が死亡した後」のことで不安を抱えている人等を対象に、葬儀・納骨・家財処分などの死後事務委任事業について、二つの形態で実施しているため、それぞれの事業概要について紹介したい。

(A) ずーっとあんしん安らか事業（〈図2〉参照）

「ずーっとあんしん安らか事業」は身寄りのない高齢者等の死後事務を本会職員が代行するもので、平成23年度に事業を開始した。前身の「福岡市高齢者賃貸住宅入居支援事業」において、高齢者の住替支援を行う中で、アパート入居者や一戸建て居住者、施設入居者に関係なく、「死後事務」に関するニーズが一定程度存在することが把握できたため、高齢者の死後事務に特化した形で本会の独自事業として開始したものである。

本事業は、契約前に葬儀や納骨の方法や場所・家財の処分等について本人と細かく打合せし、これらの事務を執行するために必要な想定金額を「預託金（最低50万円）」として本会が預かる、い

わゆる「死後事務委任契約」に基づく事業である。本人死亡後は、預託金を使って生前に聴き取った希望に沿って葬儀や納骨を実施する。なお、事業の利用契約を交わしてから本人が亡くなるまでには相当の期間が生じることになり、契約期間中は、おおむね2週間に1度の電話連絡と、3カ月に1度の定期訪問を繰り返し行っている。その間、本人の体調の変化等を気にかけ、介護保険申請の支援や、認知症を早期に発見して病院受診を促すといったフォローを行っている。また、必要に応じて、本会の地域福祉ソーシャルワーカーが支援している地域福祉活動（見守り活動、サロン活動、生活支援ボランティア等）や民生委員につないでいる。

契約者の救急搬送や死亡等の連絡はいつ入るかわからないため、24時間365日対応できる体制が必要となる。そこで本会では、夜間や休日などの緊急時の連絡先を民間のコールセンターに委託し、そこから本会職員（以下、「職員」という）に連絡が入るしくみをとっている。

契約者死亡の連絡が入ると、すぐに葬儀会社へ連絡して遺体の搬送を依頼する。その後、職員が葬儀会社に出向いて葬儀の打合せを行う。そして、職員が火葬に立ち会い、収骨し、本人が生前に指定した方法で納骨や散骨を行う。また、電気・電話・水道・ガスなどのライフラインを停止させ、それら公共料金の精算を行い、家財処分を実施し住宅退去の手続をとる。さらに役所に対しても、保険証や障がい者手帳等の返還、年金停止の手続なども行う必要があり、死後事務は多岐にわたる。それらの事務の対価として、預託金の1割を執行

〈図2〉 ずーっとあんしん安らか事業のしくみ

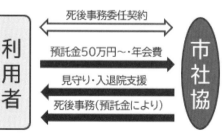

報酬としてもらうしくみとなっている。

(B) やすらかパック事業（〈図3〉参照）

「ずーっとあんしん安らか事業」の相談を受けていく中で、どうしても預託金を捻出することが難しい低所得高齢者のニーズが一定数あることがわかった。そのニーズに応えようと設計したのが月額利用料形式の「やすらかパック事業」である。当初、預託金の分割払いも検討したが、契約してまもなく死亡した場合に、葬儀代等多額の引当金が必要となるため現実的ではないと判断し、死亡保険金で死後事務を行う方式で事業設計した。使用する保険は少額短期保険であり、第三者（本会）による保険金の受取可能で、保険加入審査の要件が比較的緩やかな保険商品を選択している。

この事業では、前述の「ずーっとあんしん安らか事業」のように、預託金を増額することでさまざまな葬儀や納骨の形態を選択することはできない。なぜなら保険金の額が固定（50万円）であり、その中で家財処分を含むすべての死後事務を完了させなければならないからである。そのため、葬儀の形態は直葬のみであり、葬儀会社は、本会が業務を委託するNPO法人が空き状況等を踏まえて選定する。納骨も県内のお墓や納骨堂であれば届けることができるが、基本は本会の指定埋葬先への永代供養としている。それに加え、家財処分と行政手続を行うという非常にシンプルなプランとなっている。生前の見守り訪問と死後事務については、福岡市内にあるNPO法人に委託し、本会は見守り訪問や死後事務の報告を受ける。必要があれば「ずーっとあんしん安らか事業」と同様に、本会職員が地域福祉活動や民生委員、その他適切な相談窓口につないでいる。

(2) 法人後見事業と死後事務委任事業の連携

令和7年1月1日時点で本会の法人後見事業で支援している被後見人等49名のうち、6名が前述の「ずーっとあんしん安らか事業」を先に契約していた人であり、両事業部署が連携して支援を行っている。基本的には、死後事務委任事業の契約者が認知症の進行等により判断能力が低下し、契約手続等の法律行為や財産管理などが困難になった際に、後見等開始の審判申立てを行い、本会による後見等受任が本人にとって有益なケースについては、法人として受任するという流れである。

法人後見事業と死後事務委任事業が有機的に連動することによって、生前の財産管理や身上保護から死後事務までを一体的に支援し、利用者の生前および死後の安心・安全を確保することにつながる。また、法人後見事業部署としては、死後事務にかかる職員の負担軽減につながっている。

(3) 利益相反の問題

法人後見事業の利用者である被後見人等が、本会の死後事務委任事業を契約して利用することも可能であるが、そこには利益相反の問題が生じるおそれがある。法人後見事業と死後事務委任事業の担当部署を分けることで事業の独立性や適正性の担保を図っているが、それだけでは十分とはいえない。過去に法人後見事業の利用者（被保佐人）が死後事務委任事業の利用を希望した際は、家庭裁判所に相談したうえで臨時保佐人選任の申立てを行い、選任された臨時保佐人（弁護士）が本人に代わって死後事務委任事業の利用契約を締結することで、利益相反を防いでいる（後述の【事例3】参照）。

(4) 事例紹介

法人後見事業と死後事務委任事業を併用したケースについて紹介したい。

〈図3〉 やすらかパック事業のしくみ

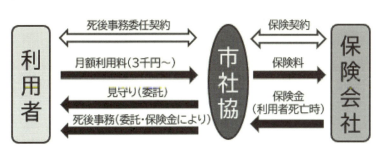

特集／相続等の観点を踏まえた後見実務

【事例２】　Ｃさんのケース（死後事務委任事業から法人後見事業と連携した継続支援）

　Ｃさんは生まれ故郷のＮ県で長く看護師として勤務していた。婚姻歴はなく、定年退職後もしばらくは一人で暮らしていたが、67歳のときに心臓発作で倒れ、一人暮らしの不安が大きくなったため、甥夫婦と同居を開始した。同居からしばらくすると、甥嫁からの精神的虐待が始まり、徐々にエスカレートしていった。虐待に耐えかねたＣさんは69歳のときに同居を解消して有料老人ホームに入居するが、入居費用が高額であり、甥からの誘いもあったことから、４年後に同施設を退去し、甥夫婦との同居を再開した。それからも甥嫁からの虐待行為はさらにエスカレートし、Ｃさんはうつ状態になって食事もとれなくなってしまった。命の危険を感じたＣさんは74歳のときに甥夫婦の家を飛び出し、紆余曲折を経て本会への相談につながった。

　Ｃさんは本会の支援を受けて、福岡市内のアパートの賃貸契約を締結し、一人暮らしを開始した。しかし、慣れない土地で一人暮らしすることへの不安、死後事務に対する不安を抱えていたため、公正証書遺言を作成後、「ずーっとあんしん安らか事業」の利用契約を締結した。職員が本人宅を定期訪問しながら、生活状況や健康状態を確認し、必要に応じて支援機関へのつなぎ等を行った。

　Ｃさんは81歳のときに認知症を発症し、徐々に症状が進行していった。もの盗られ妄想や幻覚等により近隣住民とのトラブルが発生するようになり、Ｃさんが「泥棒に通帳を盗まれた」と警察に通報する事案も発生した。Ｃさん自身が一人暮らしに不安を感じ、支援関係者間でも施設入所の必要性があると判断したが、Ｃさんは認知症により施設入所契約が困難で、親族のサポートも受けられない状況であったため、Ｃさんが82歳のときに弁護士が後見等開始の審判申立てを行い、本会が法人として成年後見人を受任することとなった。

　本会が成年後見人となった後、Ｃさんは以前入居していたところとは別の有料老人ホームに入居した。入居後しばらくは周囲への警戒心が強く、自室に閉じこもる状態が続いていたが、徐々に環境に慣れていき、スタッフや他入居者と交流しながら、穏やかに施設生活を送れるようになった。医療同意が必要な際や緊急時は、本会が前述の甥に連絡をとって対応した。

　Ｃさんは90歳で死去した。葬儀は「ずーっとあんしん安らか事業」での契約に基づく内容で執り行い、遺骨はＣさんの希望であった海洋散骨とした。本会で死後事務を終えた後、Ｃさんの残余財産は遺言執行者である弁護士に引き渡した。前述の甥等、すべての相続人に対して弁護士から通知を行ったが、遺留分について相続人からの請求はなかったため、弁護士は公正証書遺言に従い、Ｃさんの残余財産すべてを福岡市内の福祉団体に遺贈した。

【事例３】　Ｄさんのケース（日常生活自立支援事業から法人後見事業および死後事務委任事業と連携した継続支援）

　Ｄさんは20歳代で結婚して１男３女をもうけるが、50歳代で離婚した。その後は飲食店で働きながら、福岡市内で一人暮らしをしていた。隣県に住む長男とのみ連絡はとれるが、日常的な支援は得られない状況であった。

　Ｄさんは83歳のときに認知症の診断を受けた。その頃から、銀行手続ができない、通帳をたびたび紛失する等の状況がみられるようになり、自身で金銭管理を行うことが難しくなったため、地域包括支援センターの紹介により本会の日常生活自立支援事業を契約するに至った。同事業契約後は担当職員が毎月訪

問して日常金銭管理等のサービスを行い、支援関係者と連携しながらDさんの在宅生活をサポートしてきたが、1年が経過する頃には認知症がさらに進行し、もの盗られ妄想や幻覚等が出現するようになり、介護認定区分も要介護3となったことから、特別養護老人ホーム（以下、「特養」という）への入所を検討することになった。

Dさん自身も一人での生活に不安を感じ、特養入所を希望したが、Dさん自身で入所契約手続や財産管理は困難で、親族の支援も得られない状況であったため、弁護士の支援を受けて本人申立てを行い、本会を保佐人とする保佐開始の審判を受けた。本会が保佐人に就任すると同時に日常生活自立支援事業は解約となり、Dさんの支援は法人後見事業に移行することとなった。

本会が保佐人として手続を行い、Dさんは特養に入所した。特養入所直後は「道化師が部屋に入ってきた」「小僧がお金を持って行った」等の幻覚と思われる訴えが頻繁にみられたが、特養での生活に徐々に慣れていくにつれて、そのような訴えはなくなっていった。

施設に慣れて生活が安定してきた後も、Dさんは自分が亡くなった後のことについて不安を抱えていた。死後の手続等で高齢の弟には頼れないという思いが強かったのである。本人の思いを受け、法人後見事業担当者から本会の「ずーっとあんしん安らか事業」についてDさんへ情報提供したところ、Dさんは同事業の利用を強く希望した。

しかし、法人後見事業担当者が本人に代わって「ずーっとあんしん安らか事業」の利用契約手続を行うことは利益相反に該当するおそれがあるため、福岡家庭裁判所に状況を報告し、手続の進め方を相談した。その結果、臨時保佐人選任の申立てを行い、臨時保佐人（弁護士）がDさんに代わって事業の利用契約手続を担うことになった。「ずーっとあん

しん安らか事業」の担当者がDさんと面談して事業の内容を説明し、本人の利用意思をあらためて確認したところ、Dさんに事業の利用意思があったため、死後事務の内容（葬儀、納骨、相続等）について意向を確認し、臨時保佐人（弁護士）の代行により「ずーっとあんしん安らか事業」の利用契約を行った。

契約締結以降は、法人後見事業と「ずーっとあんしん安らか事業」の両担当者が連携し、同行訪問や情報共有等を行いながらDさんの生活をサポートした。Dさんが92歳で死去した際は、「ずーっとあんしん安らか事業」契約時に預かっていた預託金でDさんの希望に沿った葬儀や納骨を行い、残余財産についてもDさんの意向により代表相続人である弟へ引き渡した。他の相続人には残余財産を弟に引き渡すことを本会が文書で通知した。

おわりに〜福岡市社会福祉協議会の「あんしんシステム」〜

高齢期における生活課題は、健康・経済・生活環境・人間関係・生きがいといった多方面にわたり、その課題は加齢に伴いさまざまな側面で変化していく。特に、日本社会の構造が超高齢化・多死社会へと変化する中で、高齢者の孤立化も顕著となり、これまで家族が担ってきた「金銭管理などの日常の世話」「葬儀などの死後事務」といったことを任せられる人がいない人が増えている。

これらの課題は介護保険制度等の既存の制度のみではカバーすることが難しく、今後、少子高齢化および単身世帯の増加が進む中で、課題がさらに深刻化していくことが予想される。

そのような社会情勢の下、本会ではこれまで紹介してきた「日常生活自立支援事業」「死後事務委任事業」「法人後見事業」がそれぞれの役割や特性を活かしながら有機的に連動することにより、認知症の初期から死後に至るまでのさまざまな支援を一元的に担うことができる支援体制「あんし

〈図４〉 福岡市社会福祉協議会の「あんしんシステム」

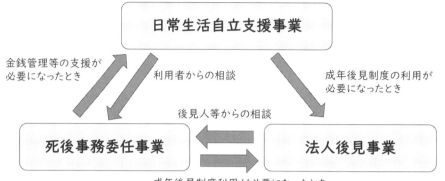

んシステム（〈図４〉参照）」を構築している。

　このシステムは、サービス利用者の生前と死後のさまざまな課題を解決しながら権利擁護を図り、高齢者に対して文字どおり"安心"を提供することが可能である。また、日常生活自立支援事業の利用者等に早期から死後事務をはじめとした今後の生活の希望を確認していくことで、本人の意思を尊重した後見業務、死後事務につなげることができる。

　さらに、これら三つの事業が相互連携することによって、事業単体では対応困難な問題を解決し、担当職員への業務負担を軽減することにもつながるという、利用者と職員の双方に"安心"をもたらすシステムであると、事業担当者として感じている。

　ただし、当然ながら、この３事業で解決できるものは高齢期における課題のごく一部にすぎない。多種多様な課題を解決していくためには、上記３事業や本稿では紹介していない本会のさまざまな事業における個別支援の実践と、社協の強みである地域支援をどのように融合させていくかを考え、実行していく必要がある。

　また、行政・司法機関・弁護士・司法書士といった法律関係者、NPO法人や一般社団法人等のテーマ型組織、企業、民生委員や地域のボランティア、市民後見人等の志の高い市民と連携・共働していくことによって、相互の機能を強化し、補完し合いながら、社会課題に取り組んでいくことが重要であると考える。

（うしじま・ゆうた）

成年後見システム

業務フローに沿った情報管理で"わかりやすく・簡単・管理"。被後見人の収支プランの策定から、財産管理、裁判所への申立・報告書類の作成まで、成年後見の手続きを力強くサポートします。

成年後見システムは3種類をご用意!

- **TYPE S** 司法書士様専用
- **TYPE H** 社会福祉協議会様・NPO法人様・弁護士様・社会福祉士様 税理士様・行政書士様・精神保健福祉士様・各種法人様
- **TYPE P** 都道府県社会福祉士会会員様専用

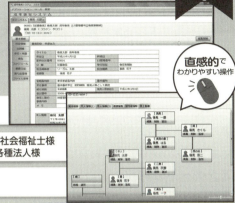

直感的でわかりやすい操作

機能紹介

- 基本情報管理(身上監護項目含む) ● 財産情報管理 ● 出納帳 ● 業務日誌 ● 後見収支プランニング機能
- 各種申立書作成 ● 裁判所への報告 ● ユーザー書式作成 ● LSシステム連携機能(Type Sのみ装備)
- リーガルサポートへの報告書(Type Sのみ装備) ● 「ぱあとなあ」への報告(Type Pのみ装備)
- スケジュール管理 ● 預かり品管理

ポイント1
成年被後見人の基本情報、財産目録、収支予定などを登録していただくことで、家庭裁判所への後見開始申立書や関連する財産目録、収支予定表が作成できます。また、成年被後見人の身上監護に関する項目も記録できます。

ポイント2
日々の後見業務においては日常の支出を出納帳に記帳していただくと、連動して財産・資産状況が変動します。これらの情報を家庭裁判所への報告書資料として集計・出力することができます。

成年後見システムType SとLSシステムの連携を強化しました!

- 成年後見システムで登録した被後見人の基本情報等をLSシステムに転送したり、出納帳や財産情報をLSシステムの業務支援機能と同期できるようになりました。
- 随時同期を行うことにより、出先でLSシステムを利用して被後見人の財産状況をリアルタイムに確認・編集ができます。

事務所 / 出先 / 同期 / LSシステム / ログイン

特価キャンペーン実施中

キャンペーン期間 2026年3月末日まで

ラインナップ	キャンペーン価格(税・送料込)
成年後見システムType S・H・P(ライト版)	30,800円
成年後見システムType S・H・P(スタンダード版)	52,800円

通常価格の約半額!

※ライト版は被後見人の案件管理件数が3件まで、スタンダード版は無制限です。

おためし 購入前のご検討に
成年後見システムお試し版(3ヶ月無償ライセンス付き)とご説明資料・帳票サンプルをご用意していますので、お気軽にお問い合せください。

株式会社リーガル® 法律とコンピューター
https://www.legal.co.jp/

本　　　社	愛媛県伊予郡砥部町重光248-3	TEL	089-957-0494
東京営業所	東京都新宿区四谷本塩町4-40 光丘四谷ビル5F	TEL	03-5360-1755
名古屋営業所	愛知県名古屋市中村区名駅2-45-14 東進名駅ビル4F	TEL	052-856-2090
大阪営業所	大阪市中央区北新町1-1 千倉ビル201	TEL	06-6940-3440
福岡営業所	福岡市博多区博多駅前1-23-2 ParkFront博多駅前一丁目5階A	TEL	092-432-9078

論説・解説

「第21回日弁連高齢者・障がい者権利擁護の集い～地域で安心して老いるために～任意後見制度の積極的な活用を目指して」アンケート報告

弁護士　上　﨑　智　代

1　アンケートの趣旨

奈良弁護士会、日本弁護士連合会、近畿弁護士会連合会主催のシンポジウム「第21回日弁連高齢者・障がい者権利擁護の集い～地域で安心して老いるために～任意後見制度の積極的な活用を目指して」が、2024年11月29日㈮になら100年会館（奈良県）で開催された。

2022年3月に策定された第二期成年後見制度利用促進基本計画では、優先的に取り組むべき事項の一つ目に、「任意後見制度の利用促進」が掲げられ、「人生設計についての本人の意思の反映・尊重という観点から、任意後見制度が積極的に活用される必要がある（注：筆者要約）」と指摘している。

また、日本弁護士連合会では、2020年11月18日に「任意後見制度の利用促進に向けた運用の改善及び法改正の提言」を発し、任意後見制度を利用しやすくするためのさまざまな改善提言を行ったほか、「弁護士会においても、任意後見人の受け皿として、良質な活動ができる人材育成、適切な受任者の紹介や質の確保及び受任後の指導・助言体制の充実など、任意後見制度の利用促進に向けて更なる取組を推進することが求められており、当連合会は、制度改善に向けての取組を更に積極的に進めていく所存である」ことを明言している。

しかし、任意後見制度の普及啓発に向けていま

だ体制整備が進んでおらず、実際には各地域での制度の担い手が十分に育っていない。これは弁護士会だけではなく、司法書士や社会福祉士など、法定後見の主要な担い手の組織でも同様である。

そこで、任意後見制度やこれに関連する諸制度（遺言、見守り契約、財産管理委任契約、アドバンス・ケア・プランニング、死後事務委任契約等）の活用の実践を学び、担い手を育成していくとともに、制度の有用性を広く一般の行政や福祉関係者に知らせていくことを目的として、全国的なシンポジウムを開催することとなった。

そして、このシンポジウムに向けて、日頃高齢者を支援する立場でかかわっている行政関係者や福祉関係者、弁護士・司法書士・社会福祉士などの専門職、および実際に任意後見契約（以下、「任意後見」ともいう）を締結している任意後見の利用者のそれぞれに対し、任意後見制度およびこれに関連する諸制度に関するアンケートを実施することとなった。

アンケートは、「支援者向けアンケート」「専門職向けアンケート」「利用者向けアンケート」の三つに分けて実施し、上記シンポジウムではこれら三つのアンケート結果について報告を行ったが、本稿は、そのうち、弁護士・司法書士・社会福祉士などの専門職に対して行った「専門職向けアンケート」の結果を論じたものである。

2　専門職向けアンケートの実施概要

アンケートは2024年4月から6月にかけて実施し、調査対象は弁護士、司法書士、社会福祉士、行政書士、社会保険労務士とした（弁護士、司法書士、社会福祉士は近畿圏内、行政書士および社会保険労務士は奈良県内）。調査方法はWebによるアンケートフォームでの回答とし、148件の回答が集まった。

3　アンケートの結果

(1)　回答者の属性（問1）

本アンケートに回答した専門職のうち、半数以上（58％）を社会福祉士が占め、次いで弁護士が20％、司法書士が16％であった。これら三士業で94％を占めており、法定後見の受任経験がある士業からの回答が多いことがうかがえる。

(2)　任意後見の受任経験（問2）

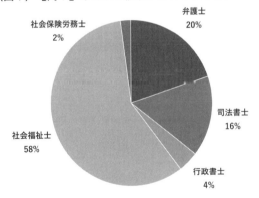

〈図1〉【問1】あなたの職業を教えてください
- 弁護士 20%
- 司法書士 16%
- 行政書士 4%
- 社会福祉士 58%
- 社会保険労務士 2%

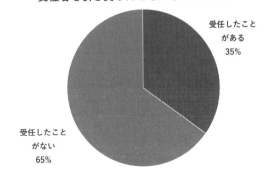

〈図2〉【問2】あなたは、これまで任意後見契約の受任者を引き受けたことがありますか？
- 受任したことがある 35%
- 受任したことがない 65%

これまでの任意後見契約の受任者の経験の有無については、受任経験があると回答した者は全体の35％、そのうち最も受任経験が多かった士業は司法書士で37％、次いで弁護士が27％、社会福祉士が25％であった。受任経験がないと回答した者は全体の65％で、そのうち76％を社会福祉士が占めた。

業種別にみると、社会福祉士は「ある」が15％、「ない」が85％であるのに対し、司法書士は「ある」が82％、「ない」が18％、弁護士は「ある」が51％、「ない」が49％となっており、社会福祉士の任意後見受任が少ないことがわかる。社会福祉士が受任するケースの多くが、すでに判断能力の低下など福祉的なニーズが生じた段階に至っており、任意後見よりも法定後見のほうが利用しやすいためではないかと考えられる。

(3)　任意後見の受任件数（問3）

これまでの任意後見契約の受任件数（終了したものも含む）は、「1～2件」が半数近くを占め、次いで多かったのが「3～5件」で、これらを合わせると全体の74％に上り、専門職一人あたりの受任件数は5件以下が大半であることがわかる。

一方で、「21件以上」との回答者が全体の8％、回答者数としては4件であった。その内訳は司法書士が2件、弁護士が1件、社会福祉士が1件であった。任意後見受任者としてのノウハウや経験の蓄積により、職種を問わず受任件数を伸ばすことが可能ではないかと考えられる。

(4)　法定後見の受任件数（問4）

これまでの法定後見の受任件数（終了したもの

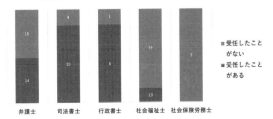

〈図3〉【問2】あなたは、これまで任意後見契約の受任者を引き受けたことがありますか？（専門職別）

〈図4〉【問3】今まで引き受けた任意後見の受任件数（終了したものを含む）を教えてください

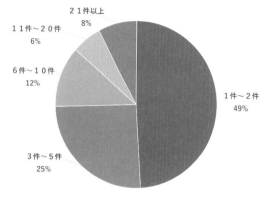

〈図6〉【問4】今まで引き受けた法定後見の受任件数（終了したものを含む）を教えてください

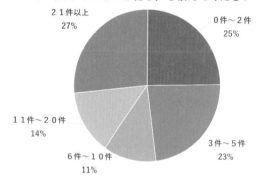

〈図7〉【問4】今まで引き受けた法定後見の受任件数（終了したものを含む）を教えてください（専門職別）

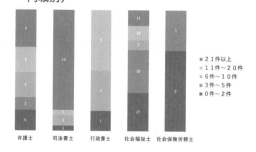

〈図5〉【問3】今まで引き受けた任意後見の受任件数（終了したものを含む）を教えてください（専門職別）

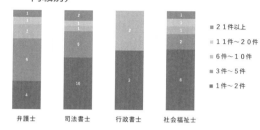

も含む）は、「6件以上」が全体の52％を占めた。任意後見契約の場合は、そもそも受任経験がない者が全体の65％であったことと比較すると、任意後見の受任が法定後見ほど進んでいないことは明らかである。

業種別でみると、「21件以上」と回答した者のうち49％を司法書士が占めた。本アンケート全体の回答者のうち司法書士が占める割合は16％であることからすると、司法書士は法定後見も任意後見も受任件数が多いといえる。

また、問2と問4をかけ合わせて分析すると、任意後見受任経験がある専門職のうち、法定後見を11件以上引き受けたことがある専門職は78％と高水準であった。逆に、任意後見受任経験がない専門職のうち、法定後見の受任件数が5件以下と回答した者が67％と高い数値が出た。

つまり、法定後見を多く受任している専門職が任意後見も受任する傾向にあるといえる。

(5) 任意後見の受任者になりにくいと感じるか（問5）

問5は、「法定後見と比べて、任意後見制度の受任者になりにくいと感じたことはありますか」という質問であるが、「ある」と回答した者が半数を超えた。問5を問2とかけ合わせて分析すると、任意後見を受任したことがある専門職のうち71％が「受任者になりにくい」と回答し、受任したことがない専門職も47％が「受任者になりにく

〈図8〉【問2】×【問4】

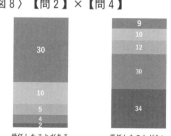

〈図9〉【問5】法定後見と比べて、任意後見制度の
受任者になりにくいと感じたことはありますか

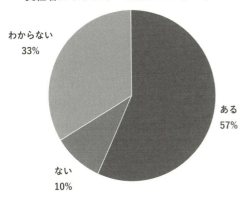

〈図10〉【問2】×【問5】

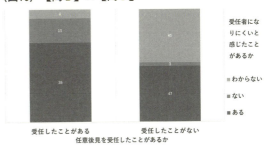

い」と回答していることがわかる。

(6) 任意後見の受任者になりにくい理由（問6）

任意後見の受任者になりにくい理由はどのような点かという質問に対しては、1番多かった回答が「お金のない人の任意後見契約に公的な費用助成がないから」で、2番目に多かった回答が「任意後見人と任意後見監督人が就くことで、二重の報酬負担になるから」であった。いずれも任意後見の費用負担の問題であり、受任件数の伸び悩み

には、費用の問題が大きく影響している可能性がある。

また、「自分で報酬基準を決めないといけなくて予測が立たないから」、「どういうルートで受任したらよいかわからないから」、「どういう内容の契約書を作ったらよいかわからないから」という回答も多く、任意後見契約締結に向けての技術・手法などが十分に周知されていないと考えられる。

その他、「委任者の判断能力の低下に気づきにくいリスクがあるから」、「自宅住所や本名でしか登記できないから」などの運用面での課題もあげられている。

(7) 法改正や体制整備の必要性（問7）

〈図11〉【問6】具体的に、受任者になりにくい理由はどのような点ですか

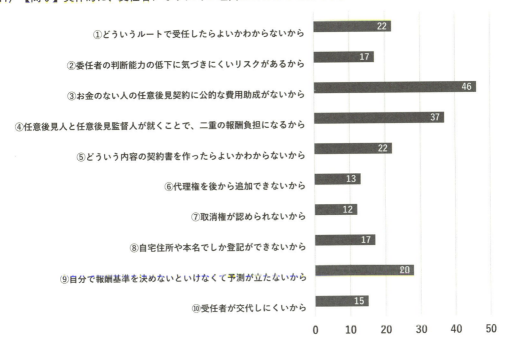

「任意後見制度を使いやすくするために、どういった法改正や体制整備が必要だと思いますか？」という質問に対しては、1番多かったのが「任意後見人や後見監督人の報酬の助成を行う」であった。

任意後見の場合は、任意後見人に加えて任意後見監督人の報酬も本人負担となるにもかかわらず、法定後見のような報酬助成制度がない。このことが、任意後見受任件数の伸び悩みに大きな影響を与えていることがわかる。

二つ目に、「身近な地域に安心して任意後見を依頼できる専門職や法人後見等の受け皿を作る」という回答が多かった。地域の身近なところに、法定後見と同様に任意後見も相談できて、契約につなげられるシステムづくりが必要である。

三つ目に、「自治体等が終活に関する総合窓口を作り、適切な受任者とのマッチングを行う」ことがあげられた。地域で暮らす高齢者が気軽に相談できる公的な終活窓口をつくることで、身寄りのない人等の支援が広がり福祉行政としてもメリットが期待される。

その他に、「任意後見人の経験等次第で、任意後見監督人選任を必須とせず、家裁が直接監督できるようにする」、「特に課題がない場合は、監督人や家裁以外の安価な会計監査システムを利用できるようにする」、「自宅住所や本名以外での登記ができる仕組みを作る」などの制度設計上の問題があげられた。特に、任意後見監督人選任の問題は前述のとおり報酬負担問題にも直接影響する事項であり、重要な視点である。また、専門職が後見人業務を引き受ける際に、自宅住所や戸籍姓などのプライバシー事項が登記されることへの抵抗感も強いことがうかがわれる。

(8) 自由記載欄（問8）

以下、自由記載欄に記載された意見を、①費用負担の問題、②制度設計上の問題、③相談窓口がないこと・周知不足・担い手不足などに関する問題、の三つに分けて取り上げる（原文ママ）。

① 費用負担の問題

- 専門職が任意後見人となっている場合に監督人は特に活動していないにも関わらずその報酬が高価に過ぎると感じる（弁護士）。
- 現役世代が後見人等として登録するには、費用対効果を考えてもハードルが高い。時間的な制約を考えても、自分がリタイヤしてからと考えてしまう（社会保険労務士）。
- 委任者本人の判断力が著しく低下したため任意後見監督人選任申し立てが必要な状態に至ったと判断していたが、監督人に着申中込見込まれる報酬負担

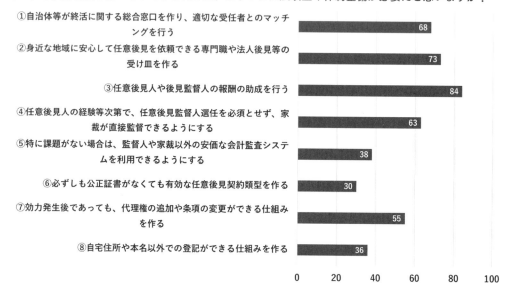

〈図12〉 任意後見制度を使いやすくするために、どういった法改正や体制整備が必要だと思いますか？

①自治体等が終活に関する総合窓口を作り、適切な受任者とのマッチングを行う　68
②身近な地域に安心して任意後見を依頼できる専門職や法人後見等の受け皿を作る　73
③任意後見人や後見監督人の報酬の助成を行う　84
④任意後見人の経験等次第で、任意後見監督人選任を必須とせず、家裁が直接監督できるようにする　63
⑤特に課題がない場合は、監督人や家裁以外の安価な会計監査システムを利用できるようにする　38
⑥必ずしも公正証書がなくても有効な任意後見契約類型を作る　30
⑦効力発生後であっても、代理権の追加や条項の変更ができる仕組みを作る　55
⑧自宅住所や本名以外での登記ができる仕組みを作る　36

保できるような経済状態ではなく、本人が当時快適に暮らしていた施設での生活を守ることを優先して、申し立てを見送ったケースがあった。本来は委任者の望む思いや暮らしを実現するサポートする手段の一つであるが、経済的にゆとりのある方しか活用しにくい制度に現状なってしまっているのが課題と感じる。経済的事情により本人の選択肢が狭まってしまうことを容認する社会では、権利擁護システムが機能していない社会と同等のように感じる。任意後見受任者や監督人にもせめて最低限の報酬助成の仕組みが必要だと痛感した（社会福祉士）。

・今の任意後見制度では、資産のある人しか活用できないイメージがあります。制度の周知以外にも助成の仕組みをひろげていく事が必要かと思います（社会福祉士）。

・契約書の中で任意後見人の報酬を決めるのが難しいと感じる。任意後見監督人への報酬もかかることを考えると低廉な報酬にせざるを得ない（司法書士）。

・任意後見制度においては、後見監督人選任後の実際の支援開始後の課題よりも、入口である契約時点での課題の方が大きいと感じています。

・費用の問題です。話が進まなくなる原因はほぼ決まっており、後見監督人の説明に入った段階で、「別に報酬がいる」と分かった時点で話が進まなくなります。後見監督人にも費用が発生する点を敬遠し、話が頓挫してしまいます。

法定後見の場合は、後見人等を必要とする状況に直面していますので、後見監督人等が付く可能性があっても話は進みますが、予防的に契約する任意後見においては、目の前に必要な状況が差し迫っていないため、ある程度資産を持っている方でないと費用面をシビアに捉え積極的に任意後見契約を結ばないように感じます（行政書士）。

② 制度設計上の問題

・公正証書で決めた費用が定額で、変更を希望したが、家裁が応じてくれなかった（弁護士）。

・複数人の公証人が、後見監督人への報告義務を3か月に1度にするよう主張する。他の者とは異なり、弁護士は高度の義務を負っているし、法定後見が年1回の家裁への報告で足りることと比較すると、弁護士任意後見人の場合は年1回で足りると思うので、日弁連と公証人連合会とで詰めて欲しい（弁護士）。

・任意後見発効前の事務委任の段階では、たとえ公正証書があっても金融機関等で代理権を認めてもらえないことがありました（行政書士）。

・いざという場面を予測するのはやはり難しいと思う。任意後見人と監督人、裁判所の判断で追加代理権の追加を認めることも必要だと思う。そのための研修

も個別に必要だと思う（社会福祉士）。

・本人の判断能力が乏しいとケアマネ等から相談を受け、本人自宅に行って面会したところ、実は任意後見をされているとわかったことが何度かある。任意後見受任者に連絡してもらうように伝え、連絡して頂いたが、結果、任意後見受任者が頼りにならず、何もしてくれない。こういった場合の迅速かつ効果的な対応策が必要に感じる（司法書士）。

・死後事務を併せて受任するケースが大半であるが、その費用や報酬を確保するための預り金を適切に管理することが難しい。安全に分別管理できる仕組みを構築して欲しい（社会福祉士）。

・任意後見契約から、発効（監督人選任）までに、時間が空くことも多く、見守り中に、本人に対して、任意後見契約を結んでいることを何度も説明するのが大変である。反対に、説明を繰り返しておかなければ、本人は、任意後見契約を結んだこと自体を忘れてしまう（司法書士）。

・認知症や精神障害が進展し法定後見への移行のタイミングを見極めるのには身上管理している実質的な施設従事者、医療関係従事者等の専門職よりの協力なくしては難しいと考えますが、最終的には本人の意向をどのようにくみ取って適切に判断するかが肝要かと思います。そこの判断に関して悩む後見人も多いのでは。現行では任意後見人、主治医の意見書（鑑定書）、家庭裁判所従事者で協議し任意後見の導入の判断をしていくことになっていると思いますがその前の手続きとして本人と意向をつかみ取るための何らかの手順を挟むことが仕組み化、あるいはルール化できないものかと考えてしまいます。実質的に本人の弁識能力が著しく低下して身の回りに何らかの重大な事故による損害が生じたときにしか発動（判断）できないのでは…と思います。こうして考えると後見制度自体が利用する本人や関わる専門職にとって、とても厳格で使いにくいものであることを感じざるを得ません…もっと使いやすい制度にするためにはどうすればよいのかを考えていきたいと思いますが…（社会福祉士）。

・苦情相談窓口と苦情解決の第三者委員会。委任者の権利を守り、受任者への助言や支持などサポートが受けられ、双方を守るしくみ（社会福祉士）。

③ 相談窓口がないこと・周知不足・担い手不足などに関する問題

・まず任意後見制度がどんな制度なのか、この制度を使って何ができるのかが、知られていない。また身寄りがない場合、制度を利用したいと思っても、誰に頼めばいいのか、情報がなくてわからないという問題もある。市町村などで、身元保証の問題も含め、

誰でも終活に関する支援を受けられる仕組みを整えるべきである（弁護士）。

・言葉のみの認知が進んでおり実際の部分の説明をしたら、「思ってたんと違う…」って事例が多いです（社会福祉士）。

・私の知る多くの老人は、相談に行く所がわからない、また多額の資金が必要と思っている。つまり市民とかけ離れた所に後見人候補者がいる。後見人候補者は、もっと市民に近い所にあってほしい（社会福祉士）。

・任意後見の相談や受任の依頼があっても、任意後見はしていない、すでに受任可能な件数に達している等の理由から引き受けられる会員が少ないため、任意後見を希望する方がいても受け手不足で期待に応えるのが難しくなってきている。（司法書士）。

・もう少し噛み砕いてわかりやすく周知されると良いのかなと考えます（社会福祉士）。

・行政や社協が実施する権利擁護相談を担当しています。定年退職後や今も現役として仕事をしている単身者が、将来への不安を抱き後見制度について知りたいとのことで相談を受けることがあります。任意後見制度について説明、情報提供をします。制度を知って安心する方や、費用負担が課題と感じる方など様々ですが、いざという時に相談できる窓口があることや、対応する機関があることを知って当面の不安が解消される方がほとんどです。どの市町村に居住しても、相談窓口があることがまず重要課題ではないかと考えます（社会福祉士）。

・直接相談できる窓口が少ない（社会福祉士）。

・任意後見制度についての研修が少ないと思います（社会福祉士）。

・制度自体がわかりづらく、利用者が利用する時期についての判断もわかりづらい（社会福祉士）。

4　任意後見制度の普及啓発に向けて

本アンケート結果の分析により、法定後見と比較して任意後見制度の普及が進んでいない現状とその課題がみえてきた。

任意後見制度普及に向けて最も大きな障壁と考えられる点は、「任意後見人と後見監督人の二重報酬」が本人負担となるにもかかわらず「公的報酬助成がないこと」であろう。これらの問題を解決しない限り、現状の任意後見制度は「金持ちのための終活支援」といわれかねない。

現行制度では、任意後見発動の際に任意後見監督人の選任は全件必要とされているが、はたして本当に必要であろうか。たとえば、筆者が任意後見監督人を務めている任意後見人は弁護士で、本人は認知症を患い有料老人ホームに入所中という事案があるが、公正証書記載の期限内に欠かさず丁寧な報告書の提出がなされ、任意後見人と本人との面会も定期的になされていて、何ら問題のない状態が数年間継続している。このような任意後見監督人選任の具体的必要性がない事案においても、報酬負担を本人に課してまで任意後見監督人をつける意義が、はたして存在するのであろうか。法定後見と同様に、選任を必要とする具体的事情が存在する場合に限定するとともに、法定後見同様に家庭裁判所（または同様の機能を果たす機関）による監督機能を付加することで代用可能と考える。

そして、現在の加速する超高齢化・無縁化社会においては、誰もが利用できる任意後見制度を実現させるために公的報酬助成制度を始めなければならない。高齢者の単独世帯が年々増加する現代において（厚生労働省「2023（令和5）年 国民生活基礎調査の概況」(2024年)）、身近に頼れる親族や身寄りのない高齢者の終活支援は各行政機関の重要課題である。

本人が元気なうちから支援の輪の中に入って本人に伴走する任意後見制度は、地域で暮らす身寄りのない高齢者の見守り支援のツールとして有用である。「お金のない人は任意後見制度は利用できません」という制度であってはならないのは、法定後見と同じである。

加えて、任意後見制度の普及啓発に欠かせないのが受任者となる受け皿、若い担い手の育成である。今回のアンケート結果により、法定後見を引き受けている専門職の多くが任意後見契約も締結していることが明らかとなった。弁護士、司法書士、社会福祉士など法定後見の経験・ノウハウの蓄積のある専門職が、任意後見の担い手を育成するための研修や勉強会（市民向けも含め）などを開いたり、任意後見の受任経験のあるベテランの専門職が若手に OJT を行うなどして、積極的に

広めていく必要がある。

　また、任意後見の利用者が女性の場合に、女性の専門職を任意後見受任者とすることを希望する場合が多くみられるが、自宅住所や戸籍姓で登記がなされることがネックとなって、女性の専門職の担い手の確保が難しいという問題がある。専門職が任意後見受任者となる場合は、事務所住所・職務上氏名での登記を可能とするような法改正も必要と考える。

　昨今、法定後見の困難事例に多く直面した結果、後見業務に疲弊するなどして、成年後見人等の担い手が減ってきていると耳にすることがある。

　任意後見人は、本人が元気なうちから本人に寄り添い、徐々に老いを重ねていく本人の意思決定支援に携わっていく。本人との信頼関係を培いながらの見守り支援の延長線上にある任意後見は、法定後見とはまた一味違うやりがいや達成感が得られると同時に、任意後見人受任者自らの人生経験や成長にもつながっていると、筆者は感じている。

　今後、任意後見制度の法改正や公的報酬助成が積極的に進み、制度の利用普及が広がり、高齢化社会における終活支援の重要なツールとして定着していくことに期待する。

（うえざき・ちよ）

▷米国の信託実務をわが国の民事信託の発展に活かす！

10年先の日本の民事信託の姿を見据えて
――米国信託法に学ぶ理論と実務――

▶信託が広く活用される米国の実情を調査し、利用の動機の特徴、利用が促進される環境・要因、担い手としての専門家の役割といった観点から、わが国の民事信託のさらなる発展・可能性を探る！
▶信託制度の理論的な深化を担う研究者や、民事信託の普及に尽力する信託実務家にとって好個の書！

西片和代　編著　Ａ５判・380頁　定価 4,400円（税込）

発行　民事法研究会　　〒150-0013　東京都渋谷区恵比寿3-7-16
　　　　　　　　　　　（営業）TEL 03(5798)7257　FAX 03(5798)7258

〔裁判例研究〕

不起訴合意の有効性と献金勧誘の違法性

――最高裁令和6年7月11日判決――

日本大学教授・弁護士　清　水　恵　介

1　はじめに

本件は、宗教法人に対して多額の献金をさせられた高齢者の提訴にかかる損害賠償請求事件であり、当該法人との間で約された不起訴合意の無効と献金勧誘の違法性につき、最高裁判所による新たな肯定的判断が示された点で、当時盛んに報道もされた注目すべき事件である[1]。もっとも、実際には成年後見が開始されておらず、また、開始を仮定した判断も行っていないため[2]、成年後見法に対する直接的な示唆はないものの、その判断過程において、「成年後見相当と診断された」ことが指摘されており、これを成年後見法の観点から検討する余地がある。

2　事案の概要

亡Aは、昭和4年生まれの女性であり、後記の念書等作成日である平成27年11月2日当時、86歳であった。

亡Aは、昭和28年に亡Bと婚姻し、その間には、X（長女）、二女および三女の3人の子がいる。

亡Bは、平成7年12月頃、心筋梗塞で入院し、その後回復したものの、平成17年8月に再び入院し、平成21年2月26日に死亡するまで、入退院を繰り返した。

二女は、平成3年頃、宗教法人であるY1に入信したが、平成10年に離婚した後、Y1の施設に通うことを止め、平成11年頃、Y1から脱会した。亡Aは、二女がY1の施設に通っていた際、二女とともに同施設に行ったことがあった。

三女は、二女がY1の信者であった間に、二女の勧誘により、Y1の信者となり、現在も信者である。

亡Aは、三女の紹介により、遅くとも平成16年4月頃、信者の家族向け施設に通うようになった。

亡Aは、平成17年から平成21年までの間、Y1

1）掲載誌として、判例タイムズ1526号67頁、判例時報2615号115頁、消費者法ニュース141号134頁。評釈・解説として、①西内康人「判批」有斐閣 Online ロージャーナル・判例 Direct〈民法〉〔YOLJ-L2407008〕、②小田司「判批」新・判例解説 Watch35号143頁〔Web版・民事訴訟法 No.162〕、③田近肇「判批」新・判例解説 Watch35号29頁〔Web版・憲法 No.235〕、④山口広「判批」消費者法ニュース141号4頁、⑤安達敏男＝吉川樹士「判批」戸籍時報858号38頁、⑥古谷貴之「判批」法学教室530号108頁、⑦工藤敏隆「判批」法学教室530号110頁（以上は2024年）、⑧匿名「最判解」判例タイムズ1526号67頁、⑨宮下修一「判批」別冊NBL191号（民事判例研究1）2頁、⑩山城一真「判批」ジュリスト1606号82頁、⑪原田昌和「判批」現代消費者法66号98頁（以上は2025年）。
2）著名なJR東海事件最高裁判決（最三小判平成28年3月1日・民集70巻3号681頁）では、成年後見が開始されていない事案にもかかわらず、責任無能力者監督者責任（民法714条1項本文）の要件に関し、「成年後見人であることだけでは直ちに法定の監督義務者に該当するということはできない」との傍論的判断を行っていた。

に対し、金員合計1億0058万円を献金した。

また、亡Aは、平成20年4月19日、平成21年2月19日、平成22年5月21日の3度にわたり、所有していた各土地を、代金合計7422万2670円で売却し、その手付金合計480万円を受領して、Y₁に対し、これを献金した。亡Aは、本件各土地の残代金を受領し、その際、これをY₁に献金する意向を有していたが、売却に伴って所得税等の支払義務が生じることを知り、信徒会の会計担当者に対し、本件各土地の残代金から仲介手数料を控除した合計6540万2830円を預託し、そこから上記税金の支払を行うことを依頼した。

Y₁の信者らは、亡Aの指示に基づき、預かり金から合計2066万4000円をY₁に対して献金するとともに、亡Aに対して合計3045万7216円を手渡しし、合計885万1200円を振り込んだ。

亡Aは、平成27年8月18日、Xに対し、亡Aが自身および亡Bの金融資産、本件不動産の売却代金等をY₁に献金してきたことを話した。

亡Aは、その頃、Y₁の信者に対し、Xに献金の事実を話した旨を伝えた。

教会に通っており、亡Aとも親しかったCは、平成27年11月頃、Y₁に対して行ってきた献金について、将来、娘婿がY₁に対して返金を求めるのではないかと懸念し、信徒会の婦人部の部長であったY₂に対して、何かできることはないかと相談した。Y₂は、Cに対し、上記返金請求を阻止するような書類を公証役場で作成する方法があることを伝え、Cは、そのような手続をすることとした。亡Aは、Cから上記書類を作成する話を聞き、自身も同様の書類を作成することを希望した。

Y₂は、亡Aの上記の希望を受け、Dに対し、亡Aが念書および私署証書を作成することになったことを話し、その作成の補助を依頼した。Dは、同月1日頃、亡AからY₁に対する献金の経緯やそれに関する考え方を聞き取り、聞き取った内容をもとに本件念書および本件陳述書の印刷された部分を作成した。

亡Aは、平成27年11月2日、Cとともに公証役場へ行き、公証人の面前で、次の(ア)ないし(エ)の内容を記載したY₁あての同月1日付け「念書」と題する書面（以下、「本件念書」という）に署名押印し、公証人から私署証書の認証を得た。

(ア) 亡AがY₁に対して行ってきた寄付ないし献金は、亡Aが自由意思によって行ったものであり、Y₁の職員又は会員等による違法・不当な働き掛けによって行ったものではない。

(イ) よって、亡Aは、Y₁に対し、欺罔、強迫又は公序良俗違反を理由とする不当利得返還請求や不法行為に基づく損害賠償請求等を、裁判上及び裁判外において、一切行わないことを約束する。

(ウ) 亡Aの寄付等について必ずしも快く思わない亡Aの親族らや相続人らが、後日、無用の紛争を起こすことがないよう、亡Aの意思を明らかにするため、本件念書に署名押印する。

(エ) なお、寄付等の経緯及び親族との関係については、平成27年11月1日付け陳述書に記したとおりである。

亡Aは、平成27年11月2日、公証役場において、亡Aの略歴、Y₁に入会し、献金を行った経緯および紛争の経緯について記載した同月1日付けの陳述書（以下、「本件陳述書」という）を提示し、同月2日付けの確定日付を得た（以下、「本件公証手続」という）。Cも、本件念書および本件陳述書と類似の事項を記載した念書および陳述書をあらかじめ作成しており、公証人の面前において念書に署名押印して私署証書の認証を得るとともに、陳述書に同日付の確定日付を得た。

亡Aは、同月2日、本件公証手続を行った後、本件念書および本件陳述書を教会に持参し、Y₁の信者に依頼して、本件公証手続を行った経緯について、亡AがY₂との間で確認している様子を

撮影してもらった。その際、亡Aは、Y₂から、同日、本件公証手続を行ったこと、本件念書および本件陳述書が亡Aの認識に合致すること、Xが亡AのY₁に対する献金について返金手続をすると述べていること並びに返金手続をする意思はないことについて確認する内容の質問を受け、これらをいずれも肯定するとともに、Xが返金手続をすることについて、「絶対やってもらったら困ると思ってます」と回答した。Y₁は、同日、亡Aから、本件念書および本件陳述書を受領した。

亡Aは、同月12日、自宅から親戚の家へ転居した。Xは、同日以降、亡AからY₁とのかかわりについての事情を聞き、同月24日、これについて弁護士に相談した。

亡AおよびXは、平成28年3月28日頃、Xら訴訟代理人を通じて、Y₁、三女等に対し、亡AがY₁に対して交付した1億9253万9250円を返金するよう求めた。

亡Aは、同年5月27日、脳神経外科医師により、アルツハイマー型認知症に罹患し、理解・判断力が低下しており、成年後見相当であると診断された。

亡Aは、同年11月30日、三女と面会し、三女に対し、Y₁に献金してきたことについて、献金当時は納得していたが、同日時点では後悔している旨を述べた。

亡Aは、平成28年12月8日頃、「私の真実(1)～(4)」と題する4通の書面（本件各書面）を作成した。「本件書面(1)」には、亡Aが三女に誘われて行った場所で信者らに会い、先祖が苦しんで亡Aに救いを求めており、亡Aが献金をしないと子や孫が不幸になるうえ、亡Bも助からないと言われ、言われるままに献金し、家系図、人参液、置物等の代金を支払ったこと、亡Bの病気は先祖の因縁に起因するので亡Bの財産を捧げるよう言われ、指示に従って証券会社の手続をしたこと等が、「本件書面(2)」には、手入れを楽しんでいた自宅付近の果樹園について、信者らに因縁がついているから売るように執拗に言われて怖かったこと、信者が果樹園の売却手続をし、その代金をY₁の教会に運んだが、その行方はわからないこと等が、「本件書面(3)」には、信者から、先祖が苦しんでおり、亡Aが献金しなければ子や孫が不幸になると言われ、断れずに献金したこと等が、「本件書面(4)」には、Y₁の信者らや三女から、Xに話してはいけないと言われていたこと、平成27年8月、Y₁の信者らに、Xに話したことを伝えたところ慌てていたこと、Y₁をやめたいと伝えたところ、何か書かされたり、どこかへ連れて行かれたりしたが、覚えていないこと、先祖から引き継いだ財産を子孫に相続させたいと考えており、また、自身の生活資金もないため、返金してもらいたいこと等が記載されている。

Xらは、平成29年3月16日、①Yらは、亡Aに対し、共同不法行為に基づく損害賠償金として（Y₁に対しては、予備的に使用者責任に基づく損害賠償金として）、連帯して1億8581万5330円およびその遅延損害金を支払えとの請求、および、②Yらは、Xに対し、亡Bの精神的損害による慰謝料600万円の法定相続分6分の1として、連帯して100万円およびその遅延損害金を支払えとの請求にかかる本件訴えを提起した。

亡Aは、令和3年2月5日の口頭弁論終結期日において、Y₁に対し、①の請求がいずれも認められなかった場合に備えて、予備的に、③Y₁は、亡Aに対し、消費寄託契約に基づく寄託金として、2066万4000円およびこれに対する令和3年2月6日から支払済みまで年5分の割合による金員を支払えとの寄託金返還請求等を追加する旨の訴えの変更を申し立てた。

第一審の東京地方裁判所は、令和3年5月14日、本件訴えのうち、Y₁に対する①の請求にかかる部分を却下し、その余の請求をいずれも棄却したため[3]、Xらは、東京高等裁判所に控訴した。

---

3) 公刊物未登載（WestlawJapan 2021WLJPCA05148010、LLI/DB L07630625）〔裁判官：小川理津子（裁判長）、山岸秀彬、川

亡Aは、令和3年7月25日に死亡し、亡Aの遺言により、同人のY₁に対する請求権はXがすべて取得した。また、亡AのY個人らに対する請求権は、亡Aの子であるX、二女および三女が、相続によりそれぞれ3分の1ずつの割合で取得したが、二女はXに対し自らの取得した上記請求権の3分の1を譲渡した。そして、Xおよび三女が、控訴審において亡Aの訴訟手続を承継したが、三女は、その後、Y個人らに対する訴えを取り下げた。

控訴審の東京高等裁判所は、令和4年7月7日、Xの控訴を棄却した[4]。そこで、Xは上告した。

3 判 旨

破棄差戻し（以下の下線部は筆者による）。

「(1) 本件不起訴合意の有効性について

ア 特定の権利又は法律関係について裁判所に訴えを提起しないことを約する私人間の合意（以下「不起訴合意」という。）は、その効力を一律に否定すべきものではないが、裁判を受ける権利（憲法32条）を制約するものであることからすると、その有効性については慎重に判断すべきである。そして、不起訴合意は、それが公序良俗に反する場合には無効となるところ、この場合に当たるかどうかは、当事者の属性及び相互の関係、不起訴合意の経緯、趣旨及び目的、不起訴合意の対象となる権利又は法律関係の性質、当事者が被る不利益の程度その他諸般の事情を総合考慮して決すべきである。

イ これを本件についてみると、亡Aは、本件不起訴合意を締結した当時、86歳という高齢の単身者であり、その約半年後にはアルツハイマー型認知症により成年後見相当と診断されたものである。そして、亡Aは、Y₁の教理を学び始めてから上記の締結までの約10年間、その教理に従い、1億円を超える多額の献金を行い、多数回にわた

り渡韓して先祖を解怨する儀式等に参加するなど、Y₁の心理的な影響の下にあった。そうすると、亡Aは、Y₁からの提案の利害得失を踏まえてその当否を冷静に判断することが困難な状態にあったというべきである。また、Y₁の信者らは、亡AがXに献金の事実を明かしたことを知った後、本件念書の文案を作成し、公証人役場におけるその認証の手続にも同行し、その後、亡Aの意思を確認する様子をビデオ撮影するなどしており、本件不起訴合意は、終始、Y₁の信者らの主導の下に締結されたものである。さらに、本件不起訴合意の内容は、亡Aがした1億円を超える多額の献金について、何らの見返りもなく無条件に不法行為に基づく損害賠償請求等に係る訴えを一切提起しないというものであり、本件勧誘行為による損害の回復の手段を封ずる結果を招くものであって、上記献金の額に照らせば、亡Aが被る不利益の程度は大きい。

以上によれば、本件不起訴合意は、亡Aがこれを締結するかどうかを合理的に判断することが困難な状態にあることを利用して、亡Aに対して一方的に大きな不利益を与えるものであったと認められる。したがって、本件不起訴合意は、公序良俗に反し、無効である。

(2) 本件勧誘行為の違法性について

ア 宗教団体又はその信者（以下「宗教団体等」という。）が当該宗教団体に献金をするように他者を勧誘すること（以下「献金勧誘行為」という。）は、宗教活動の一環として許容されており、直ちに違法と評価されるものではない。もっとも、献金は、献金をする者（以下「寄附者」という。）による無償の財産移転行為であり、寄附者の出捐の下に宗教団体が一方的に利益を得るという性質のものであることや、寄附者が当該宗教団体から受けている心理的な影響の内容や程度は様々であることからすると、その勧誘の態様や献金の額等

村久美子〕。
4) 公刊物未登載（LLI/DB L07720819）〔裁判官：石井浩（裁判長）、塚原聡、西理香〕。

の事情によっては、寄附者の自由な意思決定が阻害された状態でされる可能性があるとともに、寄附者に不当な不利益を与える結果になる可能性があることも否定することができない。そうすると、宗教団体等は、献金の勧誘に当たり、献金をしないことによる害悪を告知して寄附者の不安をあおるような行為をしてはならないことはもちろんであるが、それに限らず、寄附者の自由な意思を抑圧し、寄附者が献金をするか否かについて適切な判断をすることが困難な状態に陥ることがないようにすることや、献金により寄附者又はその配偶者その他の親族の生活の維持を困難にすることがないようにすることについても、十分に配慮することが求められるというべきである（法人等による寄附の不当な勧誘の防止等に関する法律３条１号、２号参照）。

以上を踏まえると、献金勧誘行為については、これにより寄附者が献金をするか否かについて適切な判断をすることに支障が生ずるなどした事情の有無やその程度、献金により寄附者又はその配偶者等の生活の維持に支障が生ずるなどした事情の有無やその程度、その他献金の勧誘に関連する諸事情を総合的に考慮した結果、勧誘の在り方として社会通念上相当な範囲を逸脱すると認められる場合には、不法行為法上違法と評価されると解するのが相当である。そして、上記の判断に当たっては、勧誘に用いられた言辞や勧誘の態様のみならず、寄附者の属性、家庭環境、入信の経緯及びその後の宗教団体との関わり方、献金の経緯、目的、額及び原資、寄附者又はその配偶者等の資産や生活の状況等について、多角的な観点から検討することが求められるというべきである。

イ　本件においては、亡Ａは、本件献金当時、80歳前後という高齢であり、種々の身内の不幸を抱えていたことからすると、加齢による判断能力の低下が生じていたり、心情的に不安定になりやすかったりした可能性があることを否定できない。また、亡Ａは、平成17年以降、１億円を超える多額の本件献金を行い、平成20年以降は、自己の所

有する土地を売却してまで献金を行っており、残りの売得金を松本信徒会に預け、同信徒会を通じてさらに献金を行うとともに、同信徒会から生活費の交付を受けていたのであるが、このような献金の態様は異例のものと評し得るだけでなく、その献金の額は一般的にいえば亡Ａの将来にわたる生活の維持に無視し難い影響を及ぼす程度のものであった。そして、亡Ａの本件献金その他の献金をめぐる一連の行為やこれに関わる本件不起訴合意は、いずれもＹ１の信者らによる勧誘や関与を受けて行われたものであった。

ウ　これらを考慮すると、本件勧誘行為については、勧誘の在り方として社会通念上相当な範囲を逸脱するかどうかにつき、前記アのような多角的な観点から慎重な判断を要するだけの事情があるというべきである。しかるに、原審は、Ｙ１の信者らが本件勧誘行為において具体的な害悪を告知したとは認められず、その一部において害悪の告知があったとしても亡Ａの自由な意思決定が阻害されたとは認められない、亡Ａがその資産や生活の状況に照らして過大な献金を行ったとは認められないとして、考慮すべき事情の一部を個別に取り上げて検討することのみをもって本件勧誘行為が不法行為法上違法であるとはいえないと判断しており、前記アに挙げた各事情の有無やその程度を踏まえつつ、これらを総合的に考慮した上で本件勧誘行為が勧誘の在り方として社会通念上相当な範囲を逸脱するといえるかについて検討するという判断枠組みを採っていない。そうすると、原審の判断には、献金勧誘行為の違法性に関する法令の解釈適用を誤った結果、上記の判断枠組みに基づく審理を尽くさなかった違法があるというべきである」。

4　検　討

問題は、大きく、不起訴合意の有効性と献金勧誘の違法性とに分かれる。

（1）不起訴合意の有効性

（A）一般論と本判決の位置づけ

不起訴合意の有効性の問題は、民事訴訟法における訴訟要件の問題として検討され、昭和初期の兼子一[5]を契機とする議論がある[6]。一般には、不起訴合意の主張・立証によって訴えの利益が失われ、訴訟要件を欠くものとして訴えの却下を基礎づけるとする実務が確立しているとみられる。

もっとも、他方で、「不起訴の合意が有効かどうか、また、いかなる場合に訴えの利益を阻却するか（ないものとするか）は、合意の対象、合意の行われた状況、合意の趣旨、合意の前提とした事情を慎重に考慮して決める必要がある」とされ、「紛争を特定しないで一切起訴しないという合意は、訴権一般の放棄であり、公序良俗に反して無効である」（新堂幸司説）[7]とも説かれていた。「これまでに不起訴合意の有効性の判断基準について判示した最高裁判例はない」とされていた[8]ところ、本判決が、不起訴合意は、「その効力を一律に否定すべきものではないが、裁判を受ける権利（憲法32条）を制約するものであることからすると、その有効性については慎重に判断すべきであ」り、「それが公序良俗に反する場合には無効となるところ、この場合に当たるかどうかは、当事者の属性及び相互の関係、不起訴合意の経緯、趣旨及び目的、不起訴合意の対象となる権利又は法律関係の性質、当事者が被る不利益の程度その他諸般の事情を総合考慮して決すべきである」と

して、「諸般の事情」から「慎重に判断すべき」と判示したのは、この新堂説の延長においてとらえられるべきものと解される。

また、本判決が憲法上の裁判を受ける権利に言及している点は、東京地裁昭和25年9月16日判決[9]や東京地裁昭和40年5月7日判決[10]がその先例として参照されよう。

(B) 成年後見法の観点から

これを成年後見法に照らすと、本判決が、上記基準に従って判断する中で、その冒頭において、「亡Aは、本件不起訴合意を締結した当時、86歳という高齢の単身者であり、その約半年後にはアルツハイマー型認知症により成年後見相当と診断されたものである」と判示した点が注目に値する。これは、上記基準に掲げる考慮事情のうち、「当事者の属性」に着目するものといえるが、上記新堂説には掲げられておらず[11]、むしろこの点を考慮したいがゆえに事情に加えたともみられる。本判決により、今後は、合意に近い時期において「成年後見相当」、すなわち、「精神上の障害により事理を弁識する能力を欠く常況」（民法7条参照）にあったことから、意思無能力（同法3条の2）を招きやすい状況下にはあったものの、その立証が可能ともいえない状況において、他の事情との総合考慮から公序良俗違反による無効（同法90条）を導く基準として機能させることが可能となる。

---

5) 兼子一『民事法研究〔第1巻〕』273頁（弘文堂書房、1940年）〔初出、法協53巻12号（1935年）〕。
6) この点の詳細は、前掲（注1）評釈②⑦⑧に委ねる。
7) 新堂幸司『新民事訴訟法〔第6版〕』260頁（弘文堂、2019年）〔初出、同『民事訴訟法（現代法学全集30）』176頁（筑摩書房、1974年）〕。
8) 匿名・前掲（注1）評釈⑧68頁。事例判断として、最高裁昭和51年3月18日判決（判例時報813号33頁）が、交通事故に基づく損害賠償請求について当事者間に成立した和解契約に関する示談書中の「右合意により、本件事故による損害賠償問題は一切円満解決したので、今後本件に関しては如何なる事情が生じても決して異議の申立、訴訟等は一切しないことを確認する」旨の文言は、示談による約定を履行したときは、訴訟等は一切しない旨の合意が成立したことを意味するにすぎないと限定解釈をしたものがあるのみとする。
9) 下民集1巻9号1454頁。住職任命行為に対し異議申立てを許さない旨の宗教法人の宗則は、「裁判所への出訴をも禁ずる趣旨とすればこの規定は国民に裁判をうける権利を保障する憲法第32条の規定に違反する結果となる」ため、「法律上裁判所に対しその無効確認の訴を提起することまでを禁ずる効力を有するものとは解し得ない」と判示した。
10) 判例時報422号39頁。「その念書の趣旨自体は、X有限会社をして、係争約束手形債権につき、訴訟を為す権利及び強制執行権を、債権者委員会が再建適否の結論を出す迄とはいえ、放棄せしめるものであって、憲法第32条の規定する裁判を受ける権利を侵害する点に於て、無効といわなければならない。その趣旨は、たかだか、X有限会社をして、右結論が出される迄、係争約束手形債権の弁済の猶予を規定したものと解せざるを得ない」と判示した。
11) 強いていえば、「合意の行われた状況」において考慮する余地はあるといえる。

これは、意思無能力無効による表意者の救済を実質的に拡張する機能を果たすものといえる[12]。

また、本判決が、最終的に、「亡Aがこれを締結するかどうかを合理的に判断することが困難な状態にあることを利用して、亡Aに対して一方的に大きな不利益を与えるもの」を公序良俗違反により無効と判断する決め手としている点は、契約内容面における利益の不均衡性と契約締結過程における判断困難な状態の利用とを重視する点で、「一般的な暴利行為論の枠組みと類似した判断」[13]であると指摘される。暴利行為については、古く、大審院昭和9年5月1日判決（民集13巻875頁）が、「他人ノ窮迫軽率若ハ無経験ヲ利用シ著シク過当ナル利益ノ獲得ヲ目的トスル法律行為ハ善良ノ風俗ニ反スル事項ヲ目的トスルモノニシテ無効ナリ」と判示していたが、本判決は、このような立場よりも広く、かつて、「民法（債権関係）の改正に関する中間試案」（2013年4月）第1の2(2)が、暴利行為に関し、「相手方の困窮、経験の不足、知識の不足その他の相手方が法律行為をするかどうかを合理的に判断することができない事情があることを利用して、著しく過大な利益を得、又は

相手方に著しく過大な不利益を与える法律行為は、無効とする」との明文規定を設けることを提案していた立場に近いものである。むしろ、「判断することができない」よりも「判断することが困難」のほうが、「著しく過大な不利益」よりも「大きな不利益」のほうが、要件がより緩やかといえ、いっそう広範な救済が可能な要件設定となっている。はたしてこのような要件設定が、「その有効性については慎重に判断すべき」不起訴合意であるからこそ妥当するものと解されるのか、それとも、暴利行為一般にも妥当する要件として提示されたものなのかは今後注視すべき点であろう[14]。

(2) 献金勧誘の違法性

(A) 一般論と本判決の位置づけ

献金勧誘の違法性の問題は、一般には、不法行為法上の問題として検討される。とりわけ、いわゆる霊感商法に代表される、宗教法人の信者らによる悪質な献金の勧誘行為が昭和50年頃より社会問題化し[15]、福岡地裁平成6年5月27日判決（判例タイムズ880号247頁）をリーディングケースとして、今日に至るまで、損害賠償請求を認容する下級審裁判例が相当数積み重ねられてきた[16]。

---

12) 西内・前掲（注1）①¶013は、多数の献金や宗教的教義・行事へのコミットを繰り返すことによって別行動をとれなくなるとの「認知的不協和」の影響や、金銭・時間・心理的余裕などの欠乏状態からくる「認知的制約」を重視すれば、アルツハイマー型認知症について決定的な要素とみないことも可能だろうとする。

13) 西内・前掲（注1）①¶012。暴利行為だと正面からいわなかったのは、献金自体ではなくこの返還を求めないという不起訴合意の判断である点で、Yが利益を新たに獲得するわけではないため、暴利行為とは異なり亡Aの不利益だけに注目せざるを得ない特殊性があることが考慮されたと思われるとする。

14) その他、西内・前掲（注1）①¶011は、実体法上、単独行為でもできる請求権放棄と不起訴合意との関係など理論的に興味深い論点も含まれていると指摘する。

15) 棚村政行・青山法学論集36巻4号3頁（1995年）。

16) 匿名・前掲（注1）評釈⑧69頁は、損害賠償請求を一部認容する下級審裁判例が少なくとも20例以上に及んでいるとするが、筆者が調べた限りでは、以下の裁判例の存在が確認される。(1)前掲福岡地裁平成6年5月27日判決のほか、(2)神戸地裁平成7年7月25日判決（判例時報1568号101頁）、(3)奈良地裁平成9年4月16日判決（判例時報1648号108頁）、(4)東京地裁平成9年10月24日判決（判例時報1638号107頁）、(5)東京高裁平成10年9月22日判決（判例時報1704号77頁）、(6)大阪高裁平成11年6月29日判決（判例タイムズ1029号250頁）、(7)福岡地裁平成11年12月16日判決（判例時報1717号128頁）、(8)広島高裁岡山支部平成12年9月14日判決（判例時報1755号93頁）、(9)名古屋地裁平成13年6月27日判決（判例タイムズ1131号148頁）、(10)札幌地裁平成13年6月29日判決（判例タイムズ1121号202頁）、(11)大阪地裁平成13年11月30日判決（判例タイムズ1116号180頁）、(12)東京地裁平成14年8月21日判決（消費者法ニュース別冊宗教トラブル特集号152頁）、(13)京都地裁平成14年10月25日判決（判例タイムズ1126号186頁）、(14)新潟地裁平成14年10月28日判決（公刊物未登載、裁判所ウェブサイト）、(15)東京地裁平成18年10月3日判決（判例タイムズ1259号271頁）、(16)東京地裁平成19年5月29日判決（判例タイムズ1261号215頁）、(17)東京地裁平成20年1月15日判決（判例タイムズ1281号222頁）、(18)大阪高裁平成20年7月8日判決（公刊物未登載、WestlawJapan 2008WLJPCA07088005）、(19)東京地裁平成21年12月24日判決（公刊物未登載、WestlawJapan 2009WLJPCA12248004）、(20)福岡地裁平成22年3月11日判決（消費者法ニュース85号306頁）、(21)東京高裁平成22年8月4日判決（消費者法ニュース86号249頁）、(22)東京地裁平成22年11月25日判決（公刊物未登載、WestlawJapan 2010WLJPCA11258011）、(23)東京地裁平成22年12月15日判決（公刊物未登載、WestlawJapan 2010WLJPCA12158017）、(24)東京地裁平成23年8月22日判決（公刊物未登載、WestlawJapan 2011WLJPCA08228001）、(25)東京地裁平成23年10月27日判決（判例

〔裁判例研究〕 不起訴合意の有効性と献金勧誘の違法性——最高裁令和6年7月11日判決——

　また、本件控訴審判決（令和4年7月7日）後の上告審係属中には、法人等による寄附の不当な勧誘の防止等に関する法律（不当寄附勧誘防止法）（令和4年12月16日法律第105号、令和5年1月5日施行）が制定され[17]、その3条により、法人等（法人または法人でない社団もしくは財団で代表者もしくは管理人の定めがあるもの）が寄附の勧誘を行うにあたっては、「寄附の勧誘が個人の自由な意思を抑圧し、その勧誘を受ける個人が寄附をするか否かについて適切な判断をすることが困難な状態に陥ることがないようにすること」（同条1号）、および、「寄附により、個人又はその配偶者若しくは親族（当該個人が民法（明治29年法律第89号）第877条から第880条までの規定により扶養の義務を負う者に限る。…）の生活の維持を困難にすることがないようにすること」（同条2号）につき、「十分に配慮しなければならない」との配慮義務が課されることとなった。

　本判決は、この動向をいち早くとらえ、「宗教団体等は、……寄附者の自由な意思を抑圧し、寄附者が献金をするか否かについて適切な判断をすることが困難な状態に陥ることがないようにすることや、献金により寄附者又はその配偶者その他の親族の生活の維持を困難にすることがないようにすることについても、十分に配慮することが求められる」として同条の規定を参照する。これは、同条の内容が、「これまでの下級審裁判例が暗黙のうちに認めてきた勧誘者の負うべき信義則上の注意義務を確認的に明文化したものと理解することができ、同法の遡及適用の有無にかかわらず、献金勧誘行為の違法性を考えるに当たっての手掛かりとなる」[18]との理解に立脚する。

　そして、本判決は、これまでの裁判例[19]では、違法性の判断基準として、勧誘の方法、態様、金額等の諸事情を考慮して、社会通念上相当な範囲を逸脱するかどうかを審査するという判断枠組みがとられていることが多い[20]との動向をも踏まえ、「献金勧誘行為については、これにより寄附者が献金をするか否かについて適切な判断をすることに支障が生ずるなどした事情の有無やその程度、献金により寄附者又はその配偶者等の生活の維持に支障が生ずるなどした事情の有無やその程度、

タイムズ1367号182頁）、㉖東京地裁平成23年11月18日判決（消費者法ニュース92号344頁）、㉗福岡高裁平成24年3月16日判決（公刊物未登載、LLI/DB L06720136）、㉘札幌地裁平成24年3月29日判決（公刊物未登載、LLI/DB L06750312）、㉙名古屋地裁平成24年4月13日判決（判例時報2153号54頁）、㉚東京地裁平成28年1月13日判決（消費者法ニュース107号329頁）、㉛東京地裁平成29年2月6日判決（消費者法ニュース113号293頁）、㉜東京高裁平成29年12月26日判決（公刊物未登載、WestlawJapan 2017WL-JPCA12266005）、㉝東京地裁令和2年2月28日判決（消費者法ニュース130号164頁）、㉞東京地裁令和2年9月23日判決（公刊物未登載、WestlawJapan 2020WLJPCA09238012）、㉟東京高裁令和2年12月3日判決（消費者法ニュース130号165頁）、㊱東京地裁令和3年3月26日判決（公刊物未登載、WestlawJapan 2021WLJPCA03268055）、㊲東京地裁令和4年12月7日判決（公刊物未登載、WestlawJapan 2022WLJPCA12078011）、㊳東京高裁令和5年11月15日判決（判例タイムズ1522号65頁）。このほか、山口広ほか『統一教会との闘い』196頁以下（旬報社、2022年）にも、これらで網羅されない裁判例の紹介がある。

17）　不当寄附勧誘防止法については、消費者庁「法人等による寄附の不当な勧誘の防止等に関する法律・逐条解説」（2023年）のほか、宮下修一「霊感商法・寄附の不当勧誘と新たな法規制——消費者契約法の改正と寄附不当勧誘防止法の制定」法学セミナー820号38頁、同「寄附の不当勧誘と民事的効力——民法理論の観点からの検討」ジュリスト1585号14頁、同「宗教に関する消費者被害の実態とその対応」月報司書士621号26頁、消費者庁消費者政策課寄附勧誘対策室・消費者制度課「『消費者契約法及び独立行政法人国民生活センター法の一部を改正する法律』及び『法人等による寄附の不当な勧誘の防止等に関する法律』の解説」ジュリスト1585号34頁、棚村政行「宗教団体の経済活動と法」法学教室515号57頁（以上は2023年）、木村壮「不当寄附勧誘防止法による統一教会被害者の救済及び被害抑止の可能性」宗教法43号155頁、金子敬明「宗教団体と民事法㊥」法律時報96巻5号76頁（以上は2024年）参照。

18）　匿名・前掲（注1）評釈⑧69頁。

19）　田近・前掲（注1）評釈③31頁以下によれば、下級審裁判例が認めてきた違法な献金勧誘行為の類型には、①目的が専ら献金等による利益獲得にあるなど、不当な目的に基づく献金勧誘行為（前掲（注16）裁判例⑴⑧など）、②宗教であることを秘して行われた献金勧誘行為（前掲（注16）裁判例⑹⒀）、③殊更に害悪を告知して相手を不安に陥れる等、相手の自由意思を制約するような方法で行われた献金勧誘行為（前掲（注16）裁判例⑴⑹など）、④相手方の資産状況や生活状況に照らして過大な出捐をなさしめるような献金勧誘行為（前掲（注16）裁判例⑹⑪など）の四つがあるとし、これら「一連の下級審裁判例が行ってきたことは、宗教法人の献金勧誘行為の自由と勧誘の相手方の財産や生活を維持する利益とを衡量して、『保護されない献金勧誘行為』という範疇を求めることだった」（いわゆる定義的衡量論）とする。

20）　匿名・前掲（注1）評釈⑧69頁。前掲（注16）裁判例⑻⒄㉖㉟など。

実践　成年後見　No.116／2025.5

その他献金の勧誘に関連する諸事情を総合的に考慮した結果、勧誘の在り方として社会通念上相当な範囲を逸脱すると認められる場合には、不法行為法上違法と評価される」と判示するとともに、さらに進んで、「上記の判断に当たっては、勧誘に用いられた言辞や勧誘の態様のみならず、寄附者の属性、家庭環境、入信の経緯及びその後の宗教団体との関わり方、献金の経緯、目的、額及び原資、寄附者又はその配偶者等の資産や生活の状況等について、多角的な観点から検討することが求められる」と述べ、判断の指針までをも示している。

このように、本判決は、最高裁判所にみられがちな、学界の議論が熟すのを待って受理するといった消極的スタンスではなく、最新の動向を機敏にとらえて判断基準を積極的に取り込み、この基準に照らすと、Xの請求を棄却した原判決の判断は誤りであることを見抜いてこれを破棄したとの意味で、極めて特徴的な動きを示したものと評し得る。

(B) 成年後見法の観点から

成年後見法の観点からは、ここでも、本判決が、違法性の判断過程において、「亡Aは、本件献金当時、80歳前後という高齢であり、種々の身内の不幸を抱えていたことからすると、加齢による判断能力の低下が生じていたり、心情的に不安定になりやすかったりした可能性があることを否定できない」と判示した点が注目される。不起訴合意よりもさらに数年遡る基準時となるため、「成年後見相当」との診断結果からの意思無能力の推測は困難となるものの、一般論としての「加齢による判断能力の低下」の指摘に加え、「種々の身内の不幸を抱えていたことから……心情的に不安定になりやすかったりした可能性」の指摘といった「寄附者の属性、家庭環境」に言及することで、直ちに違法とはいえないまでも、少なくとも、献金の態様・額の異常性と相まって、「勧誘の在り方として社会通念上相当な範囲を逸脱」するかどうかを検討させる素地となる事情が存在すること

を印象づけている。

もちろん、この献金勧誘の場面においても、前述の不起訴合意について言及した、意思無能力を招きやすい状況下で、他の事情との総合考慮から公序良俗違反による無効を導くといったアプローチにより救済を図るケースもあり得たと考えるならば、成年後見制度を用いない認知症高齢者の献金被害に対する救済手段としては、意思無能力無効（民法3条の2）→暴利行為的公序良俗無効（同法90条）→不法行為による原状回復的損害賠償（同法709条等）といった3段階での対応が可能になるものとして、本判決を踏まえた今後の対策を構想できよう。

(3) 原審・原々審との判断の相違はなぜ生じたか

以下では、本件において、原審・原々審と最高裁判所（上告審）との判断がなぜこうも対照的となったのかにつき、若干の考察を加えたい。

この点、最高裁判所は、献金勧誘の違法性につき、原審が、「考慮すべき事情の一部を個別に取り上げて検討することのみをもって本件勧誘行為が不法行為法上違法であるとはいえないと判断しており」、最高裁判所が指摘するような諸事情を総合的に考慮し、多角的な観点から慎重に検討するといった判断枠組みをとっていない点を非難する。すなわち、原審が考慮する事情は部分的であり、検討がなおも不十分であることを指摘するものといえる。

実際、判断力の低下に関する検討箇所に着眼すると、原審では、アルツハイマー型認知症に罹患し、理解・判断力が低下しており、成年後見相当であると診断された点は、不起訴合意の有効性につき、本件念書により本件意思表示を行ったとは認め難いような特段の事情があるかを検討する中で、本件念書作成後にその記載と相反する内容を記載した本件各書面（「私の真実⑴〜⑷」）の作成経緯において指摘されており、「本件各書面の記載内容が、亡Aの明確な記憶に基づくものであるかについては、相当な疑念があるものといわざる

を得ない」と帰結する形で援用されている。つまり、最高裁判所においてはむしろ念書の公序良俗違反性を基礎づける要素として援用されたのと同じ事情が、原審では、念書に反する内容の書面の信用性を否定し、念書の有効性を支える事情として、真逆の方向で援用されている。

これを時系列で整理すると、

(a)　2015年11月2日：本件念書の作成

(b)　2016年5月27日：アルツハイマー型認知症に罹患し成年後見相当との診断

(c)　2016年12月8日：本件各書面の作成

となる。(b)は(a)の207日後、(c)は(b)の195日後であり、(a)と(c)の中間日が2016年5月21日となるから、(b)の診断は(a)と(c)のほぼ中間といえる。そのため、(b)の事情を(c)の信用性判断に反映させるならば、これと同様に、(b)の事情を(a)の有効性判断に反映させることもまた可能であったと考えられる。アルツハイマー型認知症の不可逆的進行を念頭におけば、(b)前の(a)よりも(b)後の(c)においてより影響が大きくなるとはいえるものの、(a)の有効性判断においては(b)の事情が無視され、(c)の信用性判断においては(b)の事情が考慮されるというのは、やはり最高裁判所が求める総合的考慮・多角的検討には値しないとみられてもおかしくはなかったといえよう。

このように、諸般の事情の考慮が求められる不起訴合意の有効性と献金勧誘の違法性の各判断において、その判断プロセスや考慮・検討のあり方にも最高裁判所の監視の眼が入ることを明らかにした本判決は、今後もしばらく続くであろう裁判所による不当な献金勧誘の判断過程にも少なからず緊張感をもたらし、判断のブレを軽減することに寄与するものと思われる。

5　おわりに

最後に、X訴訟代理人の一人であった山口広弁護士の執筆にかかる評釈④を紹介して結びとする。これによれば、本判決の出現は、全くの偶然の産物であったこととなる。なぜなら、敗訴となった原審の控訴審判決が令和4年7月7日に下され、「最高裁でひっくりかえる可能性はほとんどないから上告、上告受理申立はあきらめませんか」と説得していた日の翌日である7月8日、安倍晋三元首相銃撃事件が発生したからである。銃撃の犯人がY₁に恨みをもっていたことが犯行の動機であった旨が報道されると、急きょ方針を切り替えて上告に踏み切った結果、その2年後に下されたのが本判決である。しかも、その間の下級審裁判例や立法の動向もXにとっては追い風になったとみられる。

ただ、そうであるとすると、その事件が発生しなかったと仮定した場合の結末との落差は極めて大きかったこととなる。世界を震撼させた事件の因果は、本来的には学理に従った孤高の判断こそが期待される裁判所にも及ぶということがわかる貴重なエピソードといえよう。

（しみず・けいすけ）

〔連載〕 実践的医学用語解説88

実践的医学用語解説88

認知症Ⅱ⑫

千葉大学教授　五十嵐　禎人

はじめに

これまで述べてきたように、認知症は、医学的には、ほぼ正常に発達してから後に起こる、病的かつ慢性的に認知機能の低下した状態であり、本人の日常生活の機能が著しく低下し、普通の社会生活が送れなくなった状態である。認知症の周辺症状は、中核症状によって引き起こされる症状であり、非認知機能障害である。幻覚・妄想、せん妄、抑うつ・アパシー、不安、易怒性・脱抑制、睡眠障害などの精神症状と、徘徊、過食、拒食、異食、失禁、便秘、弄便などの行動障害とに分けられる。前回は、抑うつとアパシーの定義について解説した。今回は、引き続きアパシーについて解説する。

1　アパシーの定義と診断基準

アパシー（apathy）とは、普通なら感情が動かされる刺激対象に対して関心がわかない状態のことである。古くからある用語ではあるが、医学の領域で注目されるようになったのは比較的最近のことである。前回も述べたように、アパシーの定義と診断基準には変遷があるが、現在広く使われているのは、2009年にRobertらが提唱した診断基準（Robert P et al：Proposed diagnostic criteria for apathy in Alzheimer's disease and other neuropsychiatric disorders. Eur Psychiatry. 2009 Mar;24(2):98-104）である。この診断基準では、アパシーは自発性の障害と定義され、それが少な

くとも4週間以上持続する状態とされている。また行動・認知・情動の三つの領域のうち二つ以上の領域で、自発性ないし反応性において少なくとも一つの症候が存在し、さらにアパシーによる機能的障害が同定され、他の障害・意識レベルの低下・薬剤などの影響が除外されることとされている。診断基準の概要を〔表1〕に示した。

アパシーは、①目的指向性行動の減弱による発動性の低下や運動表出が減少するタイプ（行動面）、②目的指向性思考の減弱による関心や計画性の欠如するタイプ（認知面）、③目的指向性行動に伴う情動表出の減弱するタイプ（情動面）の三つに分類される。

2　認知症の人にみられるアパシー

認知症の人にみられるアパシーの発生頻度は報告によってばらつきがある。前頭側頭葉変性症の人ではアルツハイマー型認知症の人より高頻度にアパシーが認められるが、アパシーは、アルツハイマー型認知症の人のBPSD（認知症の行動・心理症状）の中でも最も高頻度にみられる症状である。また、レビー小体型認知症の人でも過半数の人にアパシーを認める（日本神経学会監「認知症疾患診療ガイドライン」作成委員会編『認知症疾患診療ガイドライン2017』（医学書院、2017年））。

3　アパシーの評価

アパシーの評価スケールとしては、Apathy Scaleが広く用いられており、「やる気スコア」と

[連載] 実践的医学用語解説⑧

〔表1〕　アパシーの診断基準

	アパシーの診断にはＡ、Ｂ、Ｃ、Ｄのすべての基準を満たす必要がある。
Ａ	患者の以前の機能レベルと比較して、年齢や環境を考慮しても、明らかに自発性の喪失あるいは低下が存在し、その変化は患者自身あるいは他者の観察から確認されること。
Ｂ	次の3つの領域のうち少なくとも2つの領域で、少なくとも1つの症候が存在し、それが少なくとも4週間にわたり大部分の時間持続すること。 **領域Ｂ1－行動：** 以下の少なくとも1つの症候で示されるような目的指向的行動の喪失または減弱 　自発的症侯：自発的行動の喪失（例えば、会話の開始、日常生活の基本的活動、社会的活動の探求） 　反応的症侯：環境誘発的行動の喪失（例えば、会話への応答、社会的活動への参加） **領域Ｂ2－認知：** 以下の少なくとも1つの症候で示されるような目的指向的認知活動の喪失または減弱 　自発的症侯：日常的または新たな出来事への自発的思考や興味の喪失（例えば、挑戦的な仕事、社会的活動） 　反応的症侯：日常的または新たな出来事への環境誘発的考えや興味の喪失（例えば、自宅、近所、地域社会での出来事） **領域Ｂ3－情動：** 以下の少なくとも1つの症候で示されるような情動の喪失または減弱 　自発的症侯：情動の喪失または減弱の観察あるいは自己報告（たとえば、感情が減弱あるいは喪失したという自覚、他者による感情の平坦化の観察） 　反応的症候：好ましいあるいは否定的な刺激や出来事に対する感情的反応の喪失または減弱（例えば、興奮するような出来事、個人的な喪失、重篤な疾病、あるいは感情を揺さぶるニュースなどに対して感情変化がないあるいは情動反応が乏しいという観察者の報告）
Ｃ	基準ＡおよびＢの症候が、個人生活面、社会生活面、職業面あるいは他の重要な活動面で、著しい障害をもたらす。
Ｄ	基準ＡおよびＢの症候が、次のいずれの項目によっても完全に説明ができない：身体的障害（例えば、視覚や聴覚の障害）、運動障害、意識レベルの低下、あるいは物質（例えば薬物中毒や服薬）の身体的影響。

（出典）　RobertP, OnyikeC U, Leentjens AF, etal : Proposed diagnostic criteria for apathy in Alzheimer's disease and other neuropsychiatric disorders. Eur Psychiatry 24: 98-104, 2009, 小林祥泰『脳疾患によるアパシー（意欲障害）の臨床〔改訂版〕』（新興医学出版社、2016年）より作成。

して日本語版が作成されている。〔表2〕に「やる気スコア」を示した。「やる気スコア」は14項目（意欲に対する積極性が8項目、消極性が6項目）で構成されており、点数が高いほどアパシーが強いことを示している。カットオフ値は16点に設定されている。

4　アパシーと抑うつ状態との鑑別

　アパシーと抑うつ状態は併存する場合も多いが、基本的には別の病態であり、治療や対処方法も大きく異なるので両者の鑑別は重要である。両者の鑑別について〔表3〕にまとめた。

(1)　感情面（感情・情動の障害）

　アパシーは、無感情、感情の平板化が特徴であり、刺激に対しての情動反応性が減弱・欠如した状態である。このため喜怒哀楽の表出が乏しくな

り、「苦痛」の自覚や表出も減弱する。これに対して、抑うつ状態では、抑うつ気分が特徴であり、気分の落ち込み、悲哀感、不安、焦燥、絶望など、強い苦痛を伴う感情障害が存在している。

(2)　認識面（興味・関心の障害）

　抑うつ状態では、これまで楽しんでいた趣味や日課、本来であれば興味をもつようなことに対しての関心を失い、楽しいことやうれしいことなどに対して快の反応が起こらなくなる。これに対して、不快なことや好ましくないことに対しては、過剰な関心や反応をみせることも少なくない。高齢者のうつ病による抑うつ状態では、心気症状のために、自己の健康状態や身体的不調に対して過度に関心をもち、強い不安や大げさな不調の訴えがみられる。これに対して、アパシーの場合はあらゆる事柄に対して興味や関心をもたなくなるの

〔連載〕 実践的医学用語解説⑱

〔表2〕 やる気スコア

	全くない	少し	かなり	大いに
1）新しいことを学びたいと思いますか？	3	2	1	0
2）何か興味を持っていることがありますか？	3	2	1	0
3）健康状態に関心がありますか？	3	2	1	0
4）物事に打ち込めますか？	3	2	1	0
5）いつも何かしたいと思っていますか？	3	2	1	0
6）将来のことについての計画や目標を持っていますか？	3	2	1	0
7）何かをやろうとする意欲はありますか？	3	2	1	0
8）毎日張り切って過ごしていますか？	3	2	1	0

========================

	全く違う	少し	かなり	まさに
9）毎日何をしたらいいか誰かに言ってもらわなければなりませんか？	0	1	2	3
10）何事にも無関心ですか？	0	1	2	3
11）関心を惹かれるものなど何もないですか？	0	1	2	3
12）誰かに言われないと何にもしませんか？	0	1	2	3
13）楽しくもなく、悲しくもなくその中間位の気持ちですか？	0	1	2	3
14）自分自身にやる気がないと思いますか？	0	1	2	3

合計 ＿＿＿＿＿

Apathy Scale 島根医科大学第3内科版：16点以上を apathy ありと評価（Starkstein SE, Fedoroff JP, Price TR, Leiguarda R, Robinson RG:Apathy following cerebrovascular lesions. Stroke 24: 1625-1630,1993から引用、翻訳作成）

参考文献
・岡田和悟、小林祥泰、青木耕、須山信夫、山口修平：やる気スコアを用いた脳卒中後の意欲低下の評価. 脳卒中 20:318-323,1998
・Okada K, Kobayashi S, Yamagata S, Takahashi K, Yamaguchi S:Poststroke apathy and regional cerebral blood flow. Stroke 28:2437-2441,1997.

〔表3〕 うつ状態とアパシーの鑑別

	抑うつ状態	アパシー
感情・情動の障害	抑うつ気分 落ち込み、悲哀、不安、焦燥、絶望	無感情、感情の平板化 あらゆる出来事に対する情動反応の減退・喪失
興味・関心の障害	興味・喜びの喪失（心気） 否定的出来事・自己の変調・不調に対する関心はむしろ過剰	無関心 肯定的・否定的な出来事に対しての関心の喪失 自己に対しての関心も喪失
意欲・行動の障害	精神運動制止・抑制 行動する動機（モチベーション）は保たれる 活動できないことへの葛藤 活動性の低下に苦痛を伴う	自発性の低下 行動する動機（モチベーション）の欠如 活動しないことへの葛藤はない 活動性の低下に苦痛を伴わない

（馬場元：うつ病・抑うつ状態とアパシー.BRAINNERVE70: 961-970, 2018より作成）

で、自己の変調・不調に対しても関心を示さず、不安な反応もみられない。

たとえば「もの忘れ」を自覚した場合、抑うつ状態ではこれを強く自覚し、「認知症になってしまった。もうおしまいだ。家族に迷惑をかけてしまう」など強い不安とともに大げさに訴える。こ

れに対して、アパシーの患者の場合は、もの忘れの自覚に乏しいことが多く、自覚がある場合でも「まあ年ですからね」と語る。

（3） 行動面（意欲・行動の障害）

アパシーも抑うつ状態も、「活動性が低下する」という点では類似しており、その理由を尋ねると、

〔連載〕 実践的医学用語解説⑱

「やる気が起きない」と答える。抑うつ状態にみられる活動性の低下は精神運動制止（抑制）によって起こる行動の障害であり、患者は「行動する必要性」を認識し、「できれば行動したい」と考えている。つまり行動することへの関心は十分にあり、認知面でのモチベーションは維持されている。しかし、精神運動性の抑制症状のために「おっくう」で、このモチベーションを行動に移せない、「本当はやりたいけどできない」という状態に陥っている。こうした葛藤のために、行動できないという状態に苦痛を感じており、心気症状を伴う場合には、その苦痛はさらに増強される。これに対してアパシーの場合は、モチベーションの段階から障害されており、「行動する必要性」の認識も乏しく、行動しないことへの葛藤はなく、行動できないことに対する関心もないため、苦痛を自覚することが少ない。

5 認知症の人のアパシーへの対応

認知症の人の多くは、初期からアパシーが出現していることが多いが、日常生活上大きな問題が生じないために、周囲から気づかれていないことも多い。アパシーが認知症の初発症状である場合も多く、ときに日常生活の質を大きく低下させる原因となるため、これらの症状を早めに発見し、適切な対応をとることが重要である。

認知症の人のアパシーに対する非薬物療法としては、参加者主導の双方向性のディスカッション、作業療法士が家族介護者を指導しながら個々に合ったパズル、サラダづくり、ビーズの分類、木工作業、キャッチボール、ビデオ・音楽の鑑賞などの活動を実施することが有効であると報告されている（前掲ガイドライン）。現実的な対応としては、介護保険によるデイサービスなどのプログラムに参加することがあげられる。

薬物療法については、抗うつ薬による治療効果は期待できず、逆に抗うつ薬でアパシーが誘発されることもある。認知症治療薬でもあるコリンエステラーゼ阻害薬がアパシーに効果があることが確認されており、アルツハイマー型認知症やレビー小体型認知症の人では第1選択薬となる。血管性認知症の人ではドパミン作動薬や脳循環代謝改善薬で効果が得られる場合がある。

（いがらし・よしと）

▶端的に『医師法』と題する定番書の待望の最新版！

医師法〔第3版〕
── 逐条解説と判例・通達 ──

▶第3版では、医学生の臨床実習や共用試験の規定、医師の働き方改革や電子処方箋に関する諸規定など、令和7年4月施行までの最新の法令等と書式を収録して改訂増補！

平沼直人 著　A5判・299頁　定価4,400円（税込）

発行 民事法研究会　〒150-0013　東京都渋谷区恵比寿3-7-16
（営業）TEL 03(5798)7257　FAX 03(5798)7258

事例 Ⅰ 保佐

本人を支える保佐人の役割

～本人の当たり前の生活を実現するために～

社会福祉士 東 寺 大 輔

高齢者障害者等の支援を行うすべての人は、「『自己決定』は人としての基本的権利である」ことを頭と言葉ではわかってかかわっている。そして、「自己決定の原則」を実際に適用する責務を負っているのが成年後見人等であることも頭と言葉ではわかって仕事をしている。しかし、自己決定の自由を意識的に、故意に侵害することが対人援助の専門職業に反する行為（権利侵害）とまでは思っていないのかもしれない。

本事例では、被保佐人の自己決定権、自由権（愚行権を含む）を尊重しようとする保佐人の立場と、同じ「自己決定の尊重」という理念で働いているはずの障害者サービス事業者によるルールという制限と罰をもち出して管理しようとする権利侵害との狭間でのさまざまな葛藤について述べている。

障害のない人でも、収支をうまくコントロールできない人、ギャンブルにはまる人は一定数存在する。それにもかかわらず、何らかの障害があり成年後見制度の対象となっている人は、少しの愚行も許されないのだろうか。本事例には、障害という偏見をもつことなく、世の中の当たり前（権利）は何なのかということを考えさせられる記述がある。

話合いには支援者の支援力が問われる。当事者との良好な関係性、当事者の行動や言動と障害特性との関係性の理解、当事者の希望や信念の理解など、支援者の努力が必要である。

自己決定は基本的権利であり、実現の方法としての「意思決定支援」であるが、すべて思いのまま決定されるというものではなく、制限される場合もあることもわかっておかなければならない。当事者の自由権（愚行権）の範疇なのか、他人の権利を侵害するもしくは公共の福祉に反することなのか、判断は簡単ではない。

手間と時間はかかるだろうが、本事例は、被保佐人、保佐人である筆者、他の支援者・事業者など、被保佐人を取り巻くチームで、人としての基本の権利について共通理解するための事例として活用し、当事者とともにその人の権利から考えるよいきっかけになるものと期待できる。

（社会福祉士 小湊 純一・こみなと じゅんいち）

はじめに

筆者は、障害者の相談支援事業所で勤務しており、日々障害者の方々とかかわっている。そこで感じることは、成年後見制度で規定される、事理を弁識する能力を欠く常況にある著しく不十分な状態にある人は、どれだけいるのだろうかという

ことである。このような疑問をもちながら、障害をもっている方々の成年後見人等に就任し、日々の事務を行っている。

本人の権利を擁護する一つのツールとして、成年後見制度を活用することは、特段問題はない。しかし、権利擁護の手段が成年後見制度だけかといえば、そうではないと認識している。このよう

なことを踏まえながら、本事例では、精神障害者の人の保佐人として選任された事例を取り上げる。今でこそ、保佐人に代理権を付与する際は必要最低限のものとなっているが、本事例では、代理権目録のほとんどに対して、代理権が設定されたものであった。また、本人は自分の意思でお金を遊興費に使ってしまい、浪費を繰り返していたようである。そのため、判断能力の低下に加えて、申立ての動機の一つとして、保佐人をつけると浪費を防ぐことができるかもしれないと考えていた経緯もみられた。これらも踏まえながら、本人が退院する前から日々の生活に至るまでを振り返る。

1　申立ての経緯

本人（以下、「Gさん」という）は、精神科病院に入院中であった。入院当初は措置入院であったが、任意入院に切り替わっている。今回の入院が初めてではなく、複数回の入院歴があった。Gさんは、20歳代で病気を発症し、それから入退院を繰り返しており、今回の入院は、50歳代になってから初めての入院である。入院後、数年間の治療を受けて、Gさんは精神症状も安定し退院できる状態となり、準備を進める段階となっていた。準備の過程で、成年後見制度の利用が検討された理由として、これまでのGさんは、月の生活費のほとんどを遊興費に充ててしまい、その結果、食事にも事欠くようになり、生活が不安定となって、病状が悪化することが多かった。退院後、判断能力の低下もみられたことから、同じことを繰り返さないように、成年後見人等をつけてGさんの預貯金を管理することで、Gさんの浪費も少なくし、生活を安定させたいと考えたようである。

さらに、これまでかかわりのあった親族から、今回の入院を機にかかわりを拒否したい旨を関係機関に通知したことも、成年後見制度の利用を検討する動機になったのかもしれない。

このような状況で、ぱあとなあに受任依頼があったが、入院までの経緯等から候補者調整が難航し、結果として筆者が候補者となっている。こ

の時点では申立書の内容のみの情報だったので、とても大変なケースである認識をして、Gさんと面会に臨むことになった。

2　本人との面会

保佐開始審判が確定し、いよいよGさんと面会することになった。Gさんと面会する際、これまでかかわった行政機関、保健所、病院職員と事前に情報共有を行ったが、そこから出てくる情報はどれも大変な情報であり、行政機関は少し疲弊している様子もうかがえた。主治医からは、統合失調症の診断であると説明を受けた。状態が不安定になった原因は、適切な服薬ができなかったこと、薬の作用が弱ったのではないかとの話があり、現在は薬の調整もうまくいって、とても落ち着いているとのことだった。主治医の説明から、Gさんは服薬調整をすることで、ある程度安定して生活をすることができるかもしれないと考えた。ひととおり事前情報を得たうえで、Gさんと面会することになった。

なお、Gさんとの面会には、主治医、看護師、病院相談員、市役所職員、保健師、筆者が参加している。

会議室に入ってきたGさんは、とても礼儀正しく、会話も明瞭で表情も穏やかであった。主治医の説明どおり、服薬調整がうまくいったことで安定していると見受けられた。Gさんからは、退院後は自宅に戻りたいとの意向が聞かれた。それに対して、主治医からは、すぐに一人暮らしは難しいので、どこかで社会生活を学ぶ機会をつくったほうがよいとの意見があった。さらに、主治医から、これまでパチンコでお金を使い、結果として状態が不安定になった経緯が続いたので、近隣に遊戯施設がない場所がよいのではないかとの意見も出された。

Gさんは緊張しながらも、きちんと自分の考えを表出できており、精神症状が意思決定に支障を来す状態ではなかった。症状が安定しているときは、意思疎通に特段問題がないのではとの印象を

受けた。主治医からの意見も参考に、Gさんには自宅以外の選択肢についても情報提供をしながら、退院先を検討することになった。

3 退院後の生活場所の検討

会議の後、Gさん、病院相談員、筆者で退院後の生活についてGさんと話合いを行った。病院職員から自宅以外の選択肢について説明を受けたが、筆者はGさんが理解しにくい部分について、理解できるように説明を補足していた。筆者としては、自分がどこで、どのように生活をするかについては、できる限り自分で決めることが望ましいと考えていた。比較検討をするためには、わかりやすい情報が必要なので、複数の情報をわかりやすく整理して、Gさんに提供した。

自宅以外の候補としては、グループホーム、賃貸住宅、宿泊型自立訓練施設があがった。Gさんは、自宅に戻りたいとの意向を示したにもかかわらず、他の選択肢を提示すること自体がGさんの意思を尊重していないとの批判を受けるかもしれないが、自宅に容易に戻ることができない事情もあったので、あえて他の選択肢も提示した。この際、保佐人として、意図した方向に誘導しないことに注意を払っている。相手に対する伝え方一つで、意図する方向に誘導することにもなってしまうので、この点については意識してGさんに話をしている。結果として、退院後の生活拠点として候補にあがった場所を、Gさんといっしょに見学等をしながら確認していくことになった。

⑴ 自宅の可能性

Gさんが一番望んでいる退院先の選択肢は自宅である。本来であれば退院先としては、Gさんの希望である自宅に戻ることが望ましいと考えていた。しかし、近隣住民の強い反対があることがわかった。これまで何度も問題行動があったとのことで、近隣住民たちは、Gさんに何かされるのではと、常にGさん宅を監視しながら生活をしていたようである。特に、Gさん宅の最も近くにある店舗兼自宅の人については、実害を被っており、

絶対に戻ってこないようにしてほしいと、筆者と初対面でもあるにもかかわらず、すごい剣幕で話していた。

自宅の内部では、特に水回りに課題があった。4年近く誰もいなかったこともあって手直しが必要であり、Gさんの経済状況ではとても修繕できるものではないことを確認した。仮に生活する場合は、どの程度の費用が必要なのか、修繕にどの程度時間を要するのかを確認する必要がある。

⑵ グループホームの可能性

グループホームで生活をする選択肢は、Gさんの特性から難しいのではと思われたが、どのような環境で生活をするのかについての確認だけ行った。主治医はどちらかというと、グループホームで生活することに賛成であった。Gさんにグループホームとはどのような場所か説明したうえで、複数のグループホームを見学することにした。

グループホームには、戸建てとアパートといったタイプが異なるホームがあるので、どちらも見学した。どちらにも共通していることは、生活をするためにはいくつかのルールが設定されており、これを守ることができない場合は、退去もあり得ることであった。主治医は、規制がある場所で生活をしながら、社会生活の訓練をしたほうがよいのではとの意見であった。グループホームは、障害福祉サービスの中では訓練等給付に位置づけられており、社会生活をするために訓練をするという位置づけである。しかし、ルールの厳格化と懲罰としての退所もあり得るといった内容では、Gさんがはたして安心して過ごせる環境になるのかと、筆者は考えていた。

⑶ 賃貸住宅の可能性

Gさんが賃貸住宅を借りて一人暮らしをすることについて、地域の家賃相場を確認しながら可能性を模索した。Gさんが、円滑に他の利用者と生活をすることができるのであれば、グループホームという選択もあり得るが、それが可能かどうか不透明なこと、さらに、自宅についてもすぐには生活できる状況ではないこと、近隣住民の反対も

あることを考えると、アパートで一人暮らしをするということも有力な選択肢になりうると考えられた。

しかし、Gさんのことを相手に伝えて、実際に貸してくれる業者がいるのかどうか、また、緊急連絡先は保佐人である筆者でよいのか、身内である必要があるのかといった、借りる段階で検討することが複数あることを確認した。同時に、場所の問題も考える必要があった。退院後の通院を考慮すると、あまり遠方だと通院に支障を来してしまうが、病院の近くだと、予算的な問題と物件数の問題で、希望に見合った物件がみつかるのかといった課題もあった。

(4) 宿泊型自立訓練施設の利用

宿泊型自立訓練施設は入所年数が2年と決まっており、2年後はどこかに行く必要があるので、最終的にどこで生活をするのかを考えておく必要がある。ただし、金銭管理等の社会生活で必要な生活訓練ができる。そして何よりも、空室があれば比較的すぐに入所できることも大きい。本人は早く退院したいとの意向ももっていたので、まずは退院をしたいと希望した場合には、選択肢になり得ると考えた。

これを踏まえて、実際に見学に行った感想として、環境としては申し分なしであったが、ルールがかなり厳格に設定されており、ルールを守ることができない場合はその時点で利用は終了となり、病院に戻ることになるとの説明を受けた。将来、地域生活をするための訓練をする施設ということで厳しい面はあるとは思うが、こちらも即利用終了となるルールが設定されているので、あまり安心して過ごすことができないのでは、と筆者は考えていた。

4 退院先の決定とその準備

退院後の生活場所について複数の選択肢を提示し、実際に見学にも行って確認したうえで、どこで生活をするかについて、Gさんや病院職員と協議をしながら検討を重ねていった。本人の意思と

しては、自宅に戻りたい気持ちは強いが、自宅に戻るためには水回りを含めて修繕工事を要するため、すぐに戻ることは難しいと認識したようである。自宅以外の選択肢の中から、Gさんが選択したのはグループホームであった。主治医からのすすめもあり、アパートタイプを選択した。アパートなので独立した居室があり、食事提供もあることから、グループホームを選んだようである。

一方、筆者から「グループホームに入居すると複数の生活上のルールを守る必要があるが、この点は大丈夫か」と聞くと、Gさんからは「何とかします」との回答があった。「何とかする」との回答に一抹の不安もあったが、Gさんの意思を尊重することにした。ただし、事前に体験利用があるので、ここでGさんが利用にあたって気になることがあった場合には、再検討もあり得ることを病院職員と共有したうえで、グループホームの体験利用を行うことになった。

体験利用の結果、グループホームで生活することが決まった。Gさんもようやく退院できるということで非常によろこんでおり、少し気分が高揚しているようであった。

Gさんのグループホーム入居が決まり、退院前に主治医を含めて支援会議を行った。なお、会議には、主治医、看護師、市役所職員、保健師のほかに、退院後の生活を支援するグループホーム担当者、就労継続支援事業所の担当者が加わっている。

会議の中で、グループホーム入居にあたり、Gさんへの独自の条件が主治医から提案されている。主治医からの提案はかなり厳しい条件であったが、地域で長く生活を続けていくためには、必要なことであるとの説明だった。これに対してGさんは、退院することを優先し、提案された条件を了承した。筆者からGさんに再確認をしたところ、了承する意思が強いことがわかり、筆者もGさんの思いに同意している。

5　退院後の生活

　Gさんは、グループホームで生活をしながら、日中は就労継続支援事業所に通うことになった。久しぶりの仕事になるので、就労継続支援B型（以下、「就労B型」という）を選択している。Gさんとしては、より多く賃金を得たいので、ある程度働いたら就労継続支援A型（以下、「就労A型」という）に進みたいとの意向をもっていた。

　退院後の数カ月は、何事もなく順調に経過していた。作業所での様子も問題はなく、グループホームでもルールを遵守して生活していた。生活費については、就労事業所の工賃だけでは不足するので、定期的に筆者が生活費を届けていた。

　そのような中、Gさんから、渡したばかりの生活費を使ってしまったと連絡があった。生活費を渡して1週間程度しか経過しておらず、どうしたのかとGさんに聞くと当初は濁していたが、パチンコで消費したとのことであった。パチンコ店はグループホームから遠い場所にあったが、Gさんにとって距離は関係なく、歩いて行ったようである。その後からパチンコ店に行く頻度が増えたようで、就労事業所からの工賃や、筆者が渡す生活費をすぐに消費することが続いた。このことについては、筆者とGさんとで適宜面談をして、現在の預貯金残高を提示したうえで、少し自制することを筆者からお願いしている。

　このようなときに、Gさんが同じグループホームの入居者を伴ってパチンコ店に行ったことが発覚し、グループホームで問題となった。グループホーム側としては、退院時の取決めで、パチンコ店には行かないことになっていると認識していたようである。また、他の入居者を伴ってパチンコ店に行くことも問題であるとして、今後の入居継続について協議をしたいとの申入れが筆者にあった。

　グループホーム側と協議を行った際、筆者からは、50歳代男性の娯楽としてパチンコは当たり前ではないかと伝えている。パチンコ店に行くこと

をもって、グループホームの入居継続に問題があるとは考えられず、引き続きの支援をお願いしている。同じ入居者を伴ってパチンコに行ったことについては、相手の気持ちや経済状況を考えて行動してほしいことをGさんにお願いしている。一方で、生活費が遊興費として使われていることは事実なので、何らかの対策を検討することにした。

　Gさんは就労B型で働いていたが、本人としてはB型で得られる賃金や作業内容では物足りなさを感じており、ある程度就労B型で頑張ればステップアップできると考えていたようである。ところが、時間が経過してもステップアップできずに現状維持が続いたことで、少しストレスが溜まっていたようである。担当相談員と協議のうえ、就労A型を利用するための準備をすることになった。準備といっても気休めに見学に行くだけではなく、具体的な見通しを立てて準備を進めていくことになった。このときに、担当する相談支援事業所の相談員が、実現に向けていろいろと尽力してもらったことは大変ありがたく思っている。

　移行にあたり、支障になりそうだったことは、主治医が難色を示していたことである。主治医としては、浪費傾向がある人に対して、より収入を得る行動をすることは浪費にさらに拍車がかかる可能性があり、あまり望ましいことではないとの意見であった。しかし、Gさんの熱意と担当相談員の尽力によって、何とか主治医からの同意を得ることができ、就労A型に移行する準備ができた。ただし、お金の使い方に変化があったわけではなく、生活費を遊興費に使う状況に大きな変化はみられなかった。

6　就労A型に移行して

　就労A型に移行してからは一定の給与を得ることができるようになったので、今後の生活費について、Gさんと協議をしている。収入として給与と障害基礎年金、支出として水道光熱費、食費、嗜好品、医療費、グループホーム利用料をすべて提示したうえで、どのようにお金を使っていくか

をGさんと話し合った。Gさんからは、嗜好品や遊興費について、ある程度は考えてほしいとの要望があった。今回、Gさんの頑張りで就労A型に移行できたことによってそれなりに給与を得ることができるので、Gさんに対して、一定金額を生活費という形で渡すことにした。金額については、世間のサラリーマンの小遣いを参考に決定している。

Gさんと生活費の取決めをして、1カ月程度はよかったが、その後は再び渡した生活費を遊興費として使ってしまい、お金を補充してほしいとのお願いをされることが続いた。筆者としては、金額を細切れにして月に数回生活費を渡すことも試みたが、結局はほとんど変わらずに経過している。どうしても我慢できないようである。Gさんに言われるままにお金を渡すことはどうなのかと悩んだが、お金がなくなると他者から借りる可能性があることから、生活費の補充を適宜行っていた。ただし、お金を渡すときには、必ずGさんと面談をして対面で渡すようにした。遊興費に使ったことの振り返りを行い、次回以降はこのようなことがないようにとお願いしている。金銭管理の任を果たしていないといわれるかもしれないが、保佐人の役割は本人の生活に規制をかけることではなく、障害があっても当たり前の生活をすることであると認識しており、自分で働き自分で稼いだお金で嗜好品を買ったり、遊興費に使ったりすることは、当たり前の生活ではないだろうかとの思いをもっている。ただし、Gさんの遊興費の使い方にギャンブル依存症の可能性がないのかどうか、これからも注意深く観察していきたいと考えている。仮に依存症の可能性が高いのであれば、適切な治療につないでいきたい。

ここではあまりふれなかったが、嗜好品の購入もお金を大きく消費する一因となっている。具体的にはタバコの購入になるが、タバコについても、1日に吸う本数を考えたり、安い銘柄にすることを検討したり、電子タバコを導入したらコストが安くなるかといったことをGさんと対話を繰り返

している。これについても、規制をかけるというよりも、対話を通じてGさんに少し意識をもってもらうことを目標としている。

7　スマートフォン利用

スマートフォン利用についても、いろいろと考える場面が多い。Gさんはスマートフォンを日々の連絡や動画視聴で使用しており、これ自体は特に問題はない。今や多くの人がスマートフォンを所持しており、被保佐人であっても所持することは当たり前であると考えている。しかし、使い方については課題も多いと認識している。

Gさんが退院する際に、連絡用にスマートフォンを購入した。利用料金は、Gさんの口座から引き落とす契約となっていた。毎月の利用料金は生活に支障を来すほどでもなかったことと、Gさんが自宅で動画の視聴をしたいとのことだったので、購入した。購入直後は特に問題はなかったが、毎月の請求額が多くなっていくことが気になり、Gさんと話したところ、スマートフォン決済で買物をしていることがわかった。購入するものは少額であったが、頻度が増えてくると、合計金額が大きくなることもあった。それからは、Gさんの収入や預貯金を勘案して最低限の利用をお願いしている。しかし、月の生活費がなくなると、スマートフォン決済で買物してしまうようなので、訪問時にスマートフォン決済で買ったものを確認するようにしている。

これについても、システムの内容がわからず行っているものではなく、自分の生活費を使ってしまったので、現金に代わる取引と理解したうえで行っていた。悩みとしては、スマートフォン決済を使わせないために、筆者がパスワードと利用上限額を設定してGさんに渡すこともできなくはないが、これが保佐人の実務としての金銭管理にあたるのか、現在でも悩んでいるところである。現在も、スマートフォン決済についてはGさんと対話を続けている。

8 地域内での権利擁護を考える

これまで、筆者がGさんの保佐人として、入院中から地域で生活するまでのかかわりについて振り返ってきた。本事例での保佐人の役割としては、常にGさんに寄り添いながら、いっしょに物事を進めることに徹してきた。Gさんは症状が不安定になると、物事を自分で判断することができなくなることから、成年後見人等の支援は必要だと思われる。しかし、定期通院と服薬を欠かさずに実施している限りにおいては、症状は安定して経過し、日常生活においても、それほどの支援を要さない状態であると思われる。申立ての動機の一つとして、金銭管理の側面もあったようだが、本事例でも述べたとおり、自分の意思で浪費をする人に対しては、成年後見人等が就任しても、それほどの効果は見込めないのが実情である。

成年後見制度の利用動機に、自分で金銭管理ができないことがよくあげられるが、障害等が原因で判断能力に支障があり金銭管理ができないのか、それとも嗜好品の購入や遊興費への使用といった、自分の欲求を優先する結果として金銭管理ができないのかについては、申立てを検討する前に立ち止まって考える必要がある。遊興費への支出等で計画的にお金を使うことができないことをもって、事理を弁識する能力が著しく不十分であるとするならば、世の中には成年後見人等が必要な人は数多く存在することになってしまうので、この点については考慮した対応が必要である。

しかし、お金の使い方で関係機関が疲弊した結果として成年後見制度の利用を検討することも十分にあり得るので、悩ましい問題であるが、本事例でも述べたように、通帳の管理はできても、生活費の使い方まで保佐人が関与して改善していくことは容易でないことは理解してもらえたと思う。あまり厳しすぎると、保佐人がお金を渡してくれないと苦情につながることもある。このことから筆者としては、Gさんがお金の使い方について少しでも改善することに前向きになってもらえるように、対話を繰り返していくしかないと考えている。

最後になるが、本事例のGさんもそうであるが、本人の権利擁護といったときに、どうしても成年後見制度が第一の選択肢となることが多い。しかし、成年後見制度は権利擁護の中の一部であって、もっと広い意味での権利擁護のしくみが地域で必要ではないかと考えている。このことは成年後見制度を否定するものではないし、本人にとって成年後見人等の存在は大切であることは事実である。成年後見人等の支援が必要な人に対しては積極的に利用することが望ましいが、一方で、本事例のように本人が一定程度の判断能力を有している場合には、成年後見制度に頼らなくても、本人と対話を続けながら本人が望む生活を実現することができるのではないかと考えている。

現在は、地域に本人の意思決定を支援する枠組みや、適切に金銭管理をするしくみが整っていないが、昨今の体制整備の一環として、成年後見制度の利用促進とともに、広い意味での権利擁護のしくみを地域内で創ることができれば、成年後見制度のあり方も少しずつ変わっていくのではないかと期待している。

（とうでら・だいすけ）

> 本稿は、複数の事例を組み合わせるなどして資料としたものであり、実際の事例とは異なります。

事例　**Ⅱ**　後見

成年後見人の追加選任から新たな
成年後見人への引継ぎ

司法書士　**野　島　　浩**

　第199回法制審議総会において「高齢化の進展など、成年後見制度をめぐる諸事情に鑑み、成年後見制度を利用する本人の尊厳にふさわしい生活の継続やその権利利益の擁護等をより一層図る観点から、成年後見制度の見直しを行う必要があると思われるので、その要綱を示されたい」と諮問第126号がなされ、成年後見制度について見直しの議論が継続されている。

　成年後見人等が辞任等をする場合は後任の成年後見人等の選任が必要であり、現時点において、本人が完全に成年後見制度利用を脱却する場面は非常に限られている。このため、一度選任をされた成年後見人等は、本人が亡くなるまで執務を行うことが原則である。この点から、本人の自己決定が必要以上に制限される場合があると考えることもできるだろう。

　本事例は、専門職後見人等が本人の意思決定支援を行う中で、自身（成年後見人等）の存在が、本人にとって必要性がないのではないかと思い至るところが大きな特徴である。その中で、本人の

意思決定支援をめぐり試行錯誤する姿が描かれる。

　自分らしく生きたいと日々を送る本人と向き合いながら、「専門職」後見人等はどのように取り組むのか。本人支援のためのチームづくりはもちろん、自身の専門性への疑問から成年後見人を追加選任する。本人の自己決定の幅を広げる取組みをみて、自身の執務状況を振り返ってもらう機会になればと思う。

　本事例の終盤では、現制度においては例外的な運用となる、「正当の事由」をもって辞任をし、他者への引継ぎを行う。自らが引くことになるだろう決断をする（保佐や補助への類型の変更を行う）ことも本人の意思決定支援の中ではときには必要なことであろう。

　長年の付合いから、本人の最期を気にかける姿は、成年後見人という法的な立場を越えて本人との関係性が築かれていた証左であり、多くの専門職後見人等が共感するのではないだろうか。

（司法書士　岩田　豪・いわた　たけし）

はじめに

　2000年頃、筆者は法律や福祉、介護とも全く違う仕事をしていた。たまたま立ち寄った書店で、当時新しく始まった成年後見制度のことが書かれた書籍を手に取ったときから筆者の成年後見人等としての半生が始まった。書籍には「ビジネスにはならないが、障害のある方に寄り添うやりがいのある仕事である」と書かれていた。筆者の幼少

の頃には、認知症高齢者や知的障害者の人が当たり前に地域で生活していて助け合いながら生活していた。分け隔てなくいっしょに遊んだものだった。書籍を読んで「これだ！私がやりたい仕事だ」と思った。

　その後司法書士の資格を取り、リーガルサポートに入会した。入会後、すぐに事件を受任することになったが、福祉や介護に関する知識が足りないと感じて、福祉系の大学に入学して働きながら

6年間福祉や介護について勉強した。法律職と福祉職の考え方の違いもある程度は理解することができた。現在では支援を手厚くするために法人受任を行い、法人所属の社会福祉士の人といっしょに考え悩みながら事件にあたっている。本事例は、事務所を法人化する前の事例ではあるが、これまで受任した事件の中でも特に思い入れの深いものである。

1　Ａさんとの出会い

十数年前のある日、市の後見等開始の審判申立てを担当している人から、「後見等開始の審判申立てを行うにあたり候補者がみつからず困っている案件があるのだが、候補者になってもらえないか」との連絡があった。当時はまだ中核機関などのしくみは整備されていない時代であるが、この市では、行政が家庭裁判所に申立てを行う際に独自に受任調整を行う先進的な取組みをしていた。

詳細を聞くと、本人（以下、「Ａさん」ともいう）は70歳代前半の女性で、数カ月前に駅前の商業施設で窃盗をしたとのことである。警察の聴取においても全く話がかみ合わないことから現在は精神科病院に入院している。このたび、退院して地域に戻るにあたって成年後見人等が必要であるということになり、筆者が候補者となることについて承諾した。

その後、筆者が成年後見人（以下、「後見人」ともいう）として就任し、病院のカンファレンスでＡさんと対面した。「初めまして。私の後見人さんね、よろしくお願いします」と多少緊張した表情で言われた。Ａさんに成年後見制度の説明をあらためて行い、お金のやりくりもさせてもらってもよいですかと伝えると、「お願いします」と微笑んでくれた。Ａさんは夫を病気で亡くしていて、子どもが関東に一人いるが最近は交流がない。現在住んでいる県には親族はいないが、出身地であるＰ県に姉妹がいる。

Ａさんは独特の雰囲気をもち、年齢より若くみえるおしゃれな女性であった。聞くと付き合っている男性（以下、「Ｄさん」という）がいて経済的な援助を受けているとのことで、筆者は何となく頷けると思った。

2　退院に向けて

退院に向けて病院でカンファレンスを繰り返した。Ａさんの病名は統合失調症で認知症はない（長谷川式認知症スケールは高得点であった）。記憶力もよく、入院明細の点数も細かく覚えていて間違いを指摘することがある。しかし、一度思い立つと行動を抑えることが難しく行動した結果の予測はできない。そのため、専門医の診断は後見相当であった。

Ａさんの自宅は郊外の賃貸アパートである。退院後、Ａさんはアパートに戻って生活することを拒否しており、聞くとこのアパートは仮住まいだと言われた。もう少し便利な所に引越すつもりのようだ。引越しのことについては、ひとまず退院してから考えることに同意してもらい、在宅のサービス体制を構築していった。訪問看護、訪問介護、福祉用具レンタル、宅配弁当などをＡさんの希望を聞きながら筆者が契約した。Ａさんは後見人が選任されたらすぐに退院できると思っていたため、なかなか退院できないことに立腹することもあったが、説明すると理解してくれた。

3　在宅復帰

支援体制も整い、Ａさんはいよいよ在宅復帰となった。Ａさんもよろこんで帰宅した。自宅には豪華な家電が揃っていて、聞けばＤさんが購入してくれたとのこと。何か食べたいものはないかと聞いたところ、「おでんがいいわね」と希望があったので、筆者がおでんを購入して、食べてもらいながら食の好みなどを教えてもらった。

翌日、訪問介護員からＡさんが自宅にいないと連絡があった。しばらくしてＡさんの携帯電話から連絡があり、「昨日からタクシーでＤさんの家に来ているのだけど出てきてくれない。私からの電話にも出てくれない」とのことだったので、Ａ

さんから電話番号を聞いて、Dさんに連絡をしてみたところ、「昨日からAさんが何度も来て高額な金銭を要求されて困っている、以前からAさんとかかわることはやめている。これ以上来るのなら警察を呼びます」とのことだった。Aさんに連絡したところ自宅にいるということだったので、急いでAさん宅に行ったが、Aさんはすでに遠方の家電量販店にいて、入院前に購入予定だった腕時計を購入しているところだった。これがAさんか、行動力がすごいなと筆者は感心した。家電量販店の担当者に購入はできない旨を伝えて、夕方に本人が自宅に戻ったところで面談した。Aさんは腕時計の購入を邪魔されたことに立腹の様子だった。Aさんは「Dさんからお金をもらうから腕時計は買えます」と強く主張したが、筆者からDさんと話したことを伝えると、何もなかったように違う話に変わっていった。

次に、Aさんから「引越しをしたい」と言われた。筆者が「どこに引越しますか」と聞くと、「そうね、駅前の商業施設の近くか、生まれ育ったP県ね」との希望だった。「わかりました。いっしょに手伝いますよ」と伝えると、「お願いします」とうれしそうだった。自宅に戻って数日経ったが、訪問介護などの介護サービスはすべて本人が拒否して入れなくなってしまった。医療面での訪問看護のみが何とかつながっている状態だった。

数日後、警察署から筆者に連絡があり、「Aさんの後見人ですか。Aさんがごみを道端に不法投棄したのでいっしょに出頭してください」とのことであった。Aさんにどうして道端にごみを大量に捨てたのか聞いてみたところ、「小人（こびと）が来てここに捨てろと言ったから」と言われた。筆者はAさんに幻覚があるとは聞いていないため半信半疑であったが、取り急ぎAさんと警察署に行き事情を説明した。筆者が警察署で成年後見制度の説明を行い、何とか理解してもらえた。「ごみは決められた場所に出しましょう」と強く言われたが、あまりAさんには響いていない様子だった。

その後、Aさんは宅配弁当がおいしくないとの理由で食事がとれなくなった。そのことで徐々に体調が悪くなり体力も落ちてきた。また足の障害もあるため歩行状態も悪くなり、転倒を繰り返すようになった。筆者は心配になり病院に相談したところ、入院を受け入れてくれるとのことであった。Aさんも入院を希望したため任意入院となった。

4　2回目の入院

Aさんといっしょに病院へ行き、筆者は入院手続を行った。その後、筆者が事務所に戻ったところで病院から「詰所のドアを壊したので医療保護入院とさせてもらいたい」との連絡があった。再度病院に戻り、説明を聞いて手続を行った。

入院から3週間ほど経過した頃に、Aさんの状態がよくなったため退院に向けてのカンファレンスを行いたいと連絡があった。筆者として早期退院は望ましいところだが、元気なAさんをこのまま一人で受任するには負担も大きい。行動の予測が難しいAさんの支援を手厚くするために、事務所のB社会福祉士を追加で成年後見人に選任してほしい旨を家庭裁判所に打診したところ、追加選任申立てを行ってもよいとのことであった。早速、追加選任申立てを行い、無事に複数後見での対応ができるようになった。

以後、病院のカンファレンス等にも筆者とB社会福祉士が出席して二人体制で支援できることになった。これまで利用していた介護サービス事業所のいくつかが今後の対応が難しいとのことで、新たな支援者の選定を急いだ。B社会福祉士の提案により、地域包括支援センターにも参加してもらい保健所等、行政の支援も強固にしてもらった。

Aさんは、退院時に介護サービス等の利用を同意しても、退院後に拒否してしまうため、それぞれのサービス事業所ごとに、Aさんがサービスを拒否した場合の対応方法について検討した。サービスに入れなくなった場合は、保健所等行政が介入して支援制度の再構築を行うことにした。その

うえで情報共有を緊密にするために、成年後見人がハブとなり各所から入る情報を集約することにし、引き続き医療面での連携を重視していくことを決めた。これはAさんの行動が予測不能であるため各担当者のみが正面から対応しては負担が大きいためである。

また、Aさんの意思を尊重するために可能な限りAさんの希望を聞いて、その多くの希望の中からAさんの真意がどこにあるかを見極めていくこととした。さらに、Aさんが関東などの遠方に行き、警察等に保護された場合の対応についても事前に検討した。

Aさんの現在の希望は、①デイサービスには行きたくない、②関東在住の子ども（娘）といっしょに生活がしたい、③T県にあるお墓参りがしたい、④入院中に他の患者から嫌なことを言われたので一億円の慰謝料をとること、の4点だった。退院に向けて、Aさんと、①介護サービスを利用すること、②食費以外で一日の自由なお金は1000円までとする（毎日手渡しする）ことを約束してもらった。退院する準備はできたが、Aさんが病院内でいろいろとトラブルを起こしたため、退院まではしばらく日数を要した。

5　2度目の退院と旅行

Aさんはようやく退院となり、最後のカンファレンスを開催した。Aさんの資力は乏しくこのままいくと生活保護になる。現在本人が自由に使える金額は10万円である。生活保護になる前に、まとまったお金を本人の希望どおりに使える最後のチャンスかもしれない。カンファレンスで協議したがAさんの一番希望していることが（希望が多すぎて）絞れなかったため、このお金はAさんに委ねてみようという方針になった。

カンファレンスの後、退院手続を終わらせてAさんと筆者たちはいっしょに自宅へ帰った。病院を出た途端、薬の袋に書かれている名前に誤字があることにAさんは気づいた。「病院に戻って」と強く言うので、いったん病院に戻り名前を訂正

してもらい、気を取り直して帰路についた。自宅に帰る車内では若い頃の話をいろいろと話してくれた。また途中で散髪がしたいとの希望があったため、美容院で散髪をした。その間に、筆者たちは10万円を下ろしてきて、綺麗に髪を整えたAさんにお金を手渡して自宅に戻った。自宅に帰ると、Aさんは筆者たちの存在を忘れたのか、各所に電話をかけ始めた。その様子をしばらく見てから筆者たちはAさん宅を後にした。

翌日、Aさんが過去に通っていたクリニックから受診に来ているとの連絡が入った。事情を伝えて受診を控えてもらったが、この後からAさんの電話が突然つながらなくなった。

次の日も、Aさんの携帯電話に連絡しても「現在使われておりません」とアナウンスされた。しばらくすると病院の医療ソーシャルワーカー（MSW）から連絡があり、「Aさんですがおそらく関東に行っていますよ」との情報が入った。その後、知らない携帯番号から無言電話が続いた。こちらから話しかけても反応はないが聞こえてくる音からして、どこかの駅から電話しているようだ。おそらくAさんに違いない、思わず電話番号を書き留めた。

何度目かの着信で「先生」とようやく話してくれた。「関東に来ています。これまでの関係者と縁を切るために携帯番号を変えました」とのことである。それでも、結局は筆者を頼って電話をしてくれたとのこと。筆者は素直にうれしかった。

翌日、Aさんから再度連絡があり、「夜行バスでP県まで来た。お金が少なくなったので送ってください」とのことであった。筆者が「送金するのは難しい」と伝えると電話は切れた。しばらくするとP県の警察署から連絡があった。警察は「Aさんは署に入ってくるなり、人を訴えたいと言われた。『それは地元に戻ってから地元の警察に相談してほしい』と説明したのだが、所持金が数千円しかないので、このまま解放するには心配である。県内の親族に連絡して援助可能か聞いてみる」とのことだった（援助はできないとのことであっ

た）。

筆者たちは支援者、特に保健所等行政と連絡をとり今後について協議をした。その後、警察と保健所とで協議してもらったが、翌日に警察が自宅までAさんを送り届けてくれることになった。筆者は自宅でAさんを迎えた。警察からは，話もうまく伝わらず、車の中では終始電話をしていたとのこと。「後見人さんも大変ですね」とねぎらいの言葉をもらった。

数日ぶりに見るAさんは、パーマをかけて服もおしゃれになっていた。それなりに旅を楽しんだのだろう。AさんはやはりP県に帰りたいのだろう、自宅に戻ってもしきりに引越し業者に電話をしている。「引越し先が決まっていないのに引越し業者を呼んでも順番が違うよ」と説明しても、「これまでも何とかなったから今回も何とかなります」と前向きだった。

6 後見開始の審判取消検討と行動的なAさん

在宅生活がしたいAさんの意思とは裏腹に、介護サービスの利用はできていない。本人が介護サービスを拒否してしまうからだ。今回も支援者は、訪問看護、保健所等行政と医療、そして後見人となった。

ある日、筆者は別件で市役所に行った。市民課の記帳台で熱心に記帳しているAさんがすぐに目に入った。覗いてみるとAさんは復氏届を書いていた。声をかけると少しびっくりしたようだが、「Aはもうこの世にいません。あなたとはもう関係ありません」と言われた。

話を聞いていると、復氏によって後見人のついているAではなく、後見人のついていない婚姻前のC姓に戻ることによって、後見人を含む支援者たちとの関係性をなくそうとしているようであった。復氏は身分行為であるため、後見人としては支援も取消しもできない。保険証などの氏名変更手続をして各所を回ることになった。

最初の入院時よりAさん（もうAさんではない

が）の状態はよくなっている。後見人がついていることでAさんは自由にできないと筆者たちにも主張する。精神疾患としての治療もこれ以上ない（本人の性格面の問題であるとのこと）。

復氏のこともあって、ここで再度原点に戻りAさんには後見人が必要であるかを検討した。保佐や補助類型への変更も検討したが、Aさんから同意をしてもらうことが難しいことから断念した。主治医に後見人が必要であるかどうか再度検討してもらったが、主治医によると、Aさんの生活は支援者が常時必要であり自立しているとはいえないため、後見人が不要であるという診断書は書けないとのことであった。

後見人としてAさんのためにできることは何かをさらに掘り下げて考えていくことにした。複数後見のメリットの一つとして、役割分担ができてきたことがある。これは後見人が意識的に行ったのではないがAさんの中では、お金のことなど少し厳しく言ってくる筆者（司法書士）と生活面などを気さくに話ができるB社会福祉士という棲み分けがあるように感じた。この棲み分けをうまく利用して、支援にメリハリをつけたり、意思決定支援で有効な支援ができるようになった。

Aさんは毎日市内外の病院に行き、薬を希望する。そのつど、筆者に病院から連絡があるため事情を話して過剰な薬を出さないようにしてもらっている。夕方になると、帰るお金もないためタクシーの無賃乗車をするか、救急車を要請して搬送される。筆者は対応に追われる毎日が続いた。近隣の家に突然入りお金を借りたり、やさしくしてくれた人の家に引越しをしようとしたり、なかなか行動的なAさんである。

いくつかのタクシー会社からは乗車拒否になってしまった。あるとき、救急車で搬送されたAさんを迎えに病院まで行った。入院はしたくないとのことで、自宅に帰ることになった。病院の玄関に停まっていたタクシーに筆者とAさんが近づいた途端に誰も乗せないままタクシーが走り去ってしまうほど、Aさんは有名になってしまった。

金銭的にも厳しくなったことから生活保護の申請を行い、受給が決定した。引越しについてもＡさんは精力的に動いており、常に市内外の不動産業者を回って物件を探している。市内を希望することも多いが、Ｐ県に帰りたい気持ちは一貫してあるように思う。

70歳代の女性が毎日走り回っている様子を見て、筆者たちはＡさんの身体を心配している。精神的にも休めずに行動し続けているのだから身体は悲鳴をあげているに違いない。西へ東へと毎日行動して、警察、消防には毎日のようにお世話になった。筆者たちはそのつど対応をしていくだけである。

この頃からＡさんは微熱が続き徐々に体調が悪くなってきた。毎日何度も救急車を呼び、入院を希望するが、入院の必要性がないとのことで入院できないことが多くなっていた。その後の定期受診で体重の減少がひどく、体調を整えるために任意入院となった（今回も詰所のガラスを割ってすぐに医療保護入院になった）。

7　生まれ故郷に帰る

この頃、筆者たちはＡさんのＰ県に帰りたいという思いを支援することを真剣に考え始めた。これまで無計画にみえるＡさんの行動の中で一貫して変わらないものは、Ｐ県に帰ることである。これはＡさんの真意であると思った。ＡさんにＰ県に引越すことを手伝いたいと伝えると「いいわね。お願いします」とよろこんでくれた。会議でＰ県に引越す支援をすることを伝えたところ、支援者も賛成してくれた。

そして、情報を集めてＰ県の支援者の構築を始めた。市営住宅の応募は市内に住所が必要であるため、県営住宅に応募することにした。Ａさんと資料を検討して希望する場所を選んでもらった。後日、当選の通知が届いた。家庭裁判所にも引越す予定であることを報告した。Ｐ県でのケアマネジャー、訪問看護も決まった。あとは病院と後見人の交代である。Ａさんは、相変わらず病院で他

者とけんかをしたり、トイレットペーパーを大量にトイレに流したりトラブルが絶えない様子である。いったん本人不在のまま、県営住宅の鍵を受け取りＰ県支援者と会議を行った。また、家庭裁判所に、現在居住している自宅の賃貸借契約の解除のために、居住用不動産処分の許可申立てを行った。

その数週間後に、ようやく退院の許可が出て、Ａさんは病院からそのまま筆者たちも同乗する自動車でＰ県へと向かった。長旅で道中どうなるか不安であったが、特に問題もなくＰ県に到着した。県営住宅は比較的新しい建物で落ち着いた雰囲気であった。広さもあり、本人もよろこんだ。担当者会議を行い、行政に各種届出を行った。筆者たちが事務所に帰ってきたのは夜の遅くであった。

生まれ故郷に戻り懐かしい方言も聞けたのがよかったのか、今まで2日と続かなかったデイサービスに毎日行けるようになった。行動的なところは相変わらずで、別の家を探しに出かけたりしている様子だが、比較的落ち着いて日々を過ごせているとのことであった。

後見人の交代について、Ｐ県の各専門職団体に打診をしたが、どの団体からも断られてしまった。なかなかＡさんのような成年被後見人を受け入れてくれる団体はないようだ。このことについては、筆者も認識が甘かった。すぐに後任がみつかるだろうと考えていたのだ。しばらくの間は遠距離での後見活動を強いられることになる。頻繁にＰ県まで行くことはできないため、現地のケアマネジャーを中心に情報共有を緊密にしてもらった。また、生活保護の担当ケースワーカー（ＣＷ）からもいろいろと支援をしてもらった。

半年後のある日、専門職の人から連絡があり、受任の方向で考えているとの返事をもらった。非常にありがたかった。急ぎ家庭裁判所と協議を行い、先方の家庭裁判所にて選任審判が下りた。引継ぎを行い、ようやく肩の荷が下りた。

まとめ

　Aさんとは、本稿に書ききれないほどのやりとりがあった。毎日何かしらの問題が一日のうちに何度も起きる。筆者一人では対応できなかったが、途中でB社会福祉士を後見人として追加選任してもらったため、何とか対応できたと実感している。

　権限の分掌はなく財産管理、身上保護の両方をいっしょに検討した。筆者は法律専門職であるため、すぐに方針を決めようと物事を割り切って考えてしまうことがあるが、B社会福祉士は、いろいろなAさんの特性も強みと考えて、すぐには答えを出さず、じっくりと腰を据えて本人と向き合っていく支援を行ってくれた。この姿勢はその後の筆者の後見実務にも非常に参考となった。

　Aさんは、都合のよいことはどんどん解釈を拡げていって行動していくが、都合の悪いことは耳を閉ざしてしまう。主張していることも毎日のように変わる。他者に迷惑をかけても自分が第一である。ほぼ毎日Aさんに会い要望を聞き、少ない生活費を手渡しして（少ないと言われて投げつけられる）本人の後始末をする日々であったが、どこか心は通じ合っている感覚であった。立場は違うがお互いのことが理解できていたと感じている。

　先日、引き継いでもらった専門職の人からAさんが亡くなったと聞いた。あの元気だったAさんが亡くなったことは信じられないが、最期はどうだったのだろうか。今度会うときは得意の炊き込みご飯をつくってくれる約束をしていたが、かなわないと思うと心にぽっかりと穴が空いた感覚になった。今も時折、Aさんがみせてくれた笑顔が思い出される。

（のじま・ひろし）

本稿は、複数の事例を組み合わせるなどして資料としたものであり、実際の事例とは異なります。

▶高齢者・障害者施設の悩みを解決するQ&Aを100問収録！

実践　介護現場における
虐待の予防と対策　第2版
——早期発見から有事のマスコミ対応まで——

▶「虐待防止のための委員会開催、指針の整備、研修の実施」について内容を加筆するとともに、在宅介護における虐待防止策、行政による虐待調査の問題点と対策など、新章も収録！

弁護士　外岡　潤　著　　A5判・266頁　定価3,080円（税込）

発行　民事法研究会　　〒150-0013　東京都渋谷区恵比寿3-7-16
　　　　　　　　　　　（営業）TEL 03(5798)7257　FAX 03(5798)7258

イベント情報

イベント情報

令和6年度権利擁護支援シンポジウム

チームによる権利擁護支援を考える～権利擁護支援チームの役割と今後の方向性・課題～（2025年3月7日開催）［オンデマンド配信］

［配信期間］　令和7年4月1日㈫から令和7年6月30日㈪まで（〈https://legal-support.or.jp/general/〉に掲載）

［主催］　公益社団法人成年後見センター・リーガルサポート

［後援］　厚生労働省、法務省、最高裁判所、日本司法支援センター（法テラス）、社会福祉法人全国社会福祉協議会、日本公証人連合会、日本弁護士連合会、公益社団法人日本社会福祉士会、公益社団法人日本精神保健福祉士協会、一般社団法人日本成年後見法学会、公益社団法人認知症の人と家族の会、一般社団法人全国手をつなぐ育成会連合会、一般社団法人日本メンタルヘルスピアサポート専門員研修機構、一般社団法人日本発達障害ネットワーク（JDDnet）、日本司法書士会連合会（順不同）

［問合せ］　公益社団法人成年後見センター・リーガルサポート

　　　　Tel：03-3359-0541　Fax：03-5363-5065

［内容］

基調講演1「中核機関に期待される『権利擁護支援チームの形成支援・自立支援』機能と専門職との連携」稲吉江美（厚生労働省社会・援護局地域福祉課成年後見制度利用促進室成年後見制度利用促進専門官）

基調講演2「中核機関による受任者調整と適切な後見人等の選任・交代――権利擁護支援チームの形成支援の視点から――」遠藤圭一郎（最高裁判所事務総局家庭局第二課長）

基調講演3「上尾市社協における『権利擁護支援チームの形成支援・自立支援』の実践」丸山広子（社会福祉法人上尾市社会福祉協議会上尾市成年後見センター専門相談員）

基調講演4「権利擁護支援チームにおける後見人の役割」中野篤子（公益社団法人成年後見センター・リーガルサポート常任理事）

パネルディスカッション「チームによる権利擁護支援を考える～権利擁護支援チームの役割と今後の方向性・課題～」

パネリスト：丸山広子、秋野美紀子（新城市権利擁護支援センター長）、安樂美和（公益社団法人成年後見センター・リーガルサポート利用促進法対応委員会委員）／アドバイザー：安藤亨（豊田市福祉部よりそい支援課地域共生・社会参加担当長）／コーディネーター：西川浩之（公益社団法人成年後見センター・リーガルサポート副理事長）

日本成年後見法学会第22回学術大会

［日時］　2025年5月31日㈯

［主催］　一般社団法人日本成年後見法学会

［場所］　明治大学駿河台キャンパスリバティタワー

［テーマ］　成年後見法の海外の動向とわが国における法改正

［内容］

　特別講演　田山輝明（早稲田大学名誉教授）「現在の法改正の動向について―現行制度の立ち上げに関与した者としての感想―」（仮）

　基調報告①　清水恵介「諸外国における成年後見法制の動向（大陸法編）」（仮）

　基調報告②　根岸　謙「諸外国における成年後見法制の動向（英米法編）」（仮）

　基調報告③　新井　誠「我国成年後見法が進むべき途――横浜宣言、障害者権利条約、ドイツ改正世話法から学ぶべきもの」（仮）

　基調報告④　熊谷士郎「成年後見法改正～法制審議会民法（成年後見等関係）部会の資料・議事録を読む～」（仮）

　パネルディスカッション

［参加方法］　会員：会場・オンライン（無料）

　　　　　　一般：会場のみ（資料代2000円必要）

［申込み方法］　（4月中旬頃から）学会ホームページ

［問合せ］　日本成年後見法学会事務局

　　　　　　Mail：j_jaga@nifty.com

第33回日本社会福祉士会全国大会・社会福祉士学会（島根大会）

［日時］　2025年7月5日㈯・7月6日㈰

［主催］　公益社団法人日本社会福祉士会・一般社団法人島根県社会福祉士会

［場所］　くにびきメッセ（島根県松江市）

［テーマ］　いのち・権利・暮らしをまもり、支えるソーシャルワーク～人と地域をつなぐ縁結び社会へ～

［問合せ］　一般社団法人島根県社会福祉士会

　　　　　　TEL：0852-28-8181

第44回日本認知症学会学術集会

［日時］　2025年11月21日㈮～23日㈰

［主催］　日本認知症学会
［場所］　朱鷺メッセ　新潟コンベンションセンター
　　　　　（新潟県新潟市中央区万代島6番1号）
　　　　　ホテル日航新潟
　　　　　（新潟県新潟市中央区万代島5番1号）
［テーマ］　認知症共生社会の構築に向けて No one
　　　　　left behid
［問合せ］　第44回日本認知症学会学術集会　運営事
　　　　　務局
　　　　　株式会社サンプラネット　メディカルコンベ
　　　　　ンションユニット

TEL：03-5940-2614　FAX：03-3942-6396
E-mail：jsdr44@sunpla-mcv.com

　本誌では、全国各地で行われている一般の方
が参加できる成年後見や権利擁護のシンポジウ
ム、セミナーなどのイベント情報を掲載してい
ます。下記編集部まで情報をお寄せください。
「実践　成年後見」編集部
　　　Mail：jkouken@minjiho.com

〔訂正とお詫び〕
　本誌115号について、下記の誤りがありました。
訂正いたしますとともに、お詫びいたします。
・22頁右の枠内　森澤恭子品川区長自己紹介箇所
（誤）　令和6年12月、
（正）　令和4年12月、

次号〔No.117〕予告（主な内容）

特集　中核機関の現状と展望を探る

① 第二期成年後見制度利用促進基本計画における中核機関の位置づけと政府における現在の検討状況
　　　　　　　　　　　厚生労働省社会・援護局地域福祉課成年後見制度利用促進室室長補佐　福田宏晃

② 中核機関に求められる役割とソーシャルワーク機能　　　　日本社会福祉士会　星野美子

③ 各地の中核機関の特徴
　　　　　　大和郡山市成年後見支援センター／延岡・西臼杵権利擁護センター
　　　　　　旭川成年後見支援センター／朝日町成年後見支援センター

④ 中核機関を補完し、地域の権利擁護を推進する取組み　長野県社会福祉協議会総務企画部　平塚直也

論説・解説
大阪における総合支援型後見監督人運用の背景と取組み　大阪家庭裁判所（後見センター）部総括判事　井川真志
ラテンアメリカにおける意思決定支援制度の改革
　——特にブラジルで新設された「支援された意思決定」類型について　平成国際大学専任講師　山口詩帆
〔裁判例研究〕東京地裁令和2年1月29日判決　　　　名古屋学院大学准教授　中山洋志

※内容は予定であり、予告なしに変更する場合があります。

〔編集顧問〕
　新井　　誠（中央大学研究開発機構　機構教授・筑波大学名誉教授）
〔編集委員〕
　赤沼　康弘（弁護士）　池田惠利子（社会福祉士）　大貫　正男（司法書士）
　小嶋　珠実（社会福祉士）　高橋　弘（司法書士）　森　　徹（弁護士）
　公益社団法人成年後見センター・リーガルサポート（船木美香・山﨑順子）
〔企　画〕
　公益社団法人成年後見センター・リーガルサポート

● **定期購読のおすすめ** ●
本誌はお近くの書店でご購入できますが、弊社にて定期購読（年間）も承っております。年間購読の場合、1年6号分を10,300円（税込・送料弊社負担）でお届けいたします。弊社のウェブサイト〈https://www.minjiho.com/magazine/〉からお申込みください。

■ 編集後記 ■

●令和7年3月、警察庁生活安全局「令和6年における生活経済事犯の検挙状況等について」が公表された。令和6年に全国の警察に寄せられた特定商取引関連の被害相談が前年比1.5倍の1万7703件に上り（うち9619件は訪問販売関連）、65歳以上からの相談が最多の48.7%を占めている。実在する警察署の電話番号を表示させる詐欺電話が急増している報道もある。後見人等においては本人を孤立させない取組みが必要だろう。　（Y）

●最高裁判所から令和6年1〜12月の成年後見関係事件の概況が公表された。直近の数年間の申立総数は微増傾向である。目にとまったのは、補助類型が対前年比約9.2%の増加していることと、本人申立ての件数増加である。補助類型の増加と本人申立ての件数増加との間に因果関係があるかは全くの不明であるものの、本人自ら成年後見制度を利用したいと考えたならば周知が進んでいるといえるのではないだろうか。　（M）

実践　成年後見　No.116

発行日　2025年5月1日
定　価　2,530円
　　　　（本体2,300円＋税10%）
編集人　竹島雅人　栩友輔
　　　　jkouken@minjiho.com
営業部　朝倉鉄也
発行人　武石陽一
発行所　株式会社　民事法研究会
　　　　〒150-0013
　　　　東京都渋谷区恵比寿3-7-16
〔営業〕TEL03-5798-7257
　　　　FAX03-5798-7258
〔編集〕TEL03-5798-7277
　　　　FAX03-5798-7278
https://www.minjiho.com
印刷所　株式会社　太平印刷社
ISBN978-4-86556-686-4 C2032 ¥2300E

公益社団法人　成年後見センター・リーガルサポート　編

厚生労働省「市民後見人養成のための基本カリキュラム」対応

令和7年4月から全国の家庭裁判所で運用が開始される統一書式に対応！

市民後見人養成講座〔第4版〕
《全3巻》
2色刷

テキスト採用自治体多数！

【手引作成予定！】

本書をテキストとしてご採用いただいた養成研修実施機関向けに「活用の手引」をご用意しています。
実施機関や講師がどのようにカリキュラムを組み、どのような内容を取り上げるかを考える際に参考としていただき、『市民後見人養成講座』を効率的に活用していただくことができます。

第1巻	成年後見制度の位置づけと権利擁護	定価 2,860円（本体2,600円＋税10％）
第2巻	市民後見人の基礎知識	定価 3,300円（本体3,000円＋税10％）
第3巻	市民後見人の実務	定価 2,750円（本体2,500円＋税10％）
市民後見人養成講座　全3巻セット		定価 8,910円（本体8,100円＋税10％）

→ **特別価格 7,700円（税10％・送料込）**

～～～～～　本書の主要内容　～～～～～

▷専門職後見人の全国組織であるリーガルサポートが総力をあげて、市民後見人養成に適するテキストを作成！
　リーガルサポートの会員司法書士のほか、厚生労働省、法務省、最高裁判所、弁護士、社会福祉士、医師、精神保健福祉士などが、それぞれの専門分野で執筆！
▷豊富な実務経験に基づき、単に養成だけでなく、その後の市民後見人や地域の権利擁護の担い手としての活動を見据えての必要な知識＝実務に直結する内容を、あますところなく収録！

① **成年後見実務の基本的視点**　みずからの行動指針（倫理）を持ち行動することができる市民後見人を養成することをめざします。
② **就任直後の実務**　法定後見制度の利用に関する手続の流れを学び、制度の理解を深めるとともに、就任直後の職務について、市民後見人が円滑に後見業務をスタートできるよう、実務的な内容に踏み込んで詳細に解説しています。
③ **就任中の実務**　後見人の職務の2本柱である財産管理と身上保護について、具体的手法を詳細に解説しています。

≪第4版での主な変更点≫
　基本カリキュラムに新たに設けられた「意思決定支援」をはじめ、「障害者権利条約」「障害者差別解消法」「生活困窮者自立支援制度」「消費者保護」を追録し、令和5年に改訂された新カリキュラムに対応！
　精神保健福祉法などの改正内容や、令和7年4月から全国の家庭裁判所で運用が開始される統一書式の掲載、行政による市民後見活動の最新の動向も収録！
　これらを盛り込み、最新の法令・実務に基づき改訂！

発行　**民事法研究会**

〒150-0013　東京都渋谷区恵比寿3-7-16
（営業）TEL. 03-5798-7257　FAX. 03-5798-7258
https://www.minjiho.com/　info@minjiho.com

最新実務に必携の手引

実務に即対応できる好評実務書！

2025年1月刊 「福祉と司法の連携」を実現するための手引書！

弁護士とケースワーカーの連携による生活保護の現場対応Q&A

借金、養育費請求や相続放棄などのさまざまな法律問題を抱える生活保護利用者を支援するときに、弁護士と連携すべきタイミングや留意点を物語形式でわかりやすく解説！　生活保護の現場で日々奮闘するケースワーカーはもちろん、福祉関係者や法律実務家の必携書！

眞鍋彰啓　編著

（Ａ５判・277頁・定価　3,080円（本体　2,800円＋税10％））

2021年12月刊 任期付公務員だった著者の助言をとおして、失敗の原因と具体的な対処法がわかる！

失敗事例に学ぶ生活保護の現場対応Q&A

生活保護の停止・廃止、78条徴収や63条返還、不当要求や不正受給などをめぐって遭遇しがちな失敗事例を物語形式で解説！　ケースワーカーはもちろん、保護利用者を支援する福祉関係者や生活再建に尽力する法律実務家の必携書！

眞鍋彰啓　編著

（Ａ５判・251頁・定価　2,750円（本体　2,500円＋税10％））

2020年5月刊 実務で頻繁に遭遇する事例を取り上げ、図・表等を織り込み解説！

生活保護の実務最前線Q&A
―基礎知識から相談・申請・利用中の支援まで―

生活保護の利用に係る要件、63条返還・78条徴収や世帯認定の基準から、相談・申請・利用中の支援までを100問の具体的な設問をとおしてわかりやすく解説！　実務上の留意点、運用の実情を収録した、生活保護の実務運用に最適の１冊！

福岡県弁護士会生存権擁護・支援対策本部　編

（Ａ５判・421頁・定価　4,620円（本体　4,200円＋税10％））

2014年11月刊 生活保護法の大改正を機に、あらためて生活保護と扶養義務について考える！

生活保護と扶養義務

日本における扶養義務の学説・裁判例の状況等を確認し、改正生活保護法における扶養義務と生活保護利用との関係を解説！　扶養義務者への調査の範囲についても解説しているほか、扶養義務調査に関するケース記録文例も収録しており、実務に至便！

近畿弁護士会連合会　編

（Ａ５判・144頁・定価　1,540円（本体　1,400円＋税10％））

発行　**民事法研究会**

〒150-0013　東京都渋谷区恵比寿3-7-16
（営業）TEL. 03-5798-7257　FAX. 03-5798-7258
https://www.minjiho.com/　info@minjiho.com

実践 成年後見 は、年間購読が断然おすすめ

送料無料

発刊後すぐに読める！

すぐに申し込もう！ （裏面に申込用紙）

お申込みは、FAX 03-5798-7258 またはホームページ〈www.minjiho.com〉から

【年間購読料】 定価**10,300円** 【価格はすべて10％税込】

【1冊あたり約1,700円・送料無料】

年間購読は本当にお得です！
たとえば、1冊ずつ購入した場合と比べると・・・

- 116号　定価 2,530円
- 115号　定価 2,530円
- 114号　定価 2,530円
- 113号　定価 2,420円
- 112号　定価 2,530円
- 111号　定価 2,420円

➡ 年間 **14,960円** と
比べると、
4,660円もお得*!!*

発行 民事法研究会

〒150-0013　東京都渋谷区恵比寿 3 - 7 -16
（営業）TEL.03-5798-7257　FAX.03-5798-7258
https://www.minjiho.com/　info@minjiho.com

成年後見実務に関する最新の情報を提供する唯一の専門雑誌！

- ●年6回（2月・4月・6月・8月・10月・12月）の隔月刊！
- ●成年後見制度利用促進基本計画に基づく成年後見の新しい動きに対応！

◇バックナンバー特集一覧◇

No.83	消費者被害・トラブルと成年後見（2019年11月）
No.84	今、監督に何が求められているのか（2020年1月）
No.85	任意後見実務の工夫（2020年3月）
No.86	地域連携ネットワークと市民後見人（2020年5月）
No.87	チーム支援に成年後見人が参加する（2020年7月）
No.88	成年後見制度利用促進基本計画中間検証報告からみる進展と課題（2020年9月）
No.89	高齢者虐待・身体拘束への対応と防止（2020年11月）
No.90	診断書の書式改定・本人情報シート導入後の実情と課題（2021年1月）
No.91	円滑化法の運用の実情と死後事務の留意点と課題（2021年3月）
No.92	成年後見人の意義・資質と専門職の役割（2021年5月）
No.93	障害者の権利擁護と成年後見人の役割（2021年7月）
No.94	金融機関・金融取引と成年後見（2021年9月）
No.95	生活保護と成年後見人の役割（2021年11月）
No.96	統合失調症の人と成年後見（2022年1月）
No.97	適切な後見人等の選任を考える（2022年3月）
No.98	権利擁護と本人支援（2022年5月）
No.99	虐待対応における養護者支援と成年後見（2022年7月）
No.100	第二期基本計画が進むいま、将来を展望する（2022年9月）
No.101	住居をめぐる課題と成年後見業務（2022年11月）
No.102	第二期基本計画と市民後見人像（2023年1月）
No.103	障害者権利委員会による総括所見を受けて（2023年3月）
No.104	後見実務で対応に留意すべき事案（2023年5月）
No.105	「意思決定支援を踏まえた後見事務のガイドライン」に基づく実務（2023年7月）
No.106	任意後見監督の実務（2023年9月）
No.107	身元保証問題と成年後見制度の活用を考える（2023年11月）
No.108	任意後見契約発効前における本人支援（2024年1月）
No.109	成年後見制度と介護サービス事故への対応（2024年3月）
No.110	成年後見人等と福祉関係者との連携と協働（2024年5月）
No.111	法定後見への申立支援（2024年7月）
No.112	成年後見人等候補者の受任調整（2024年9月）
No.113	成年後見人等による法定代理支援の有用性を再考する（2024年11月）
No.114	精神保健福祉法改正と後見実務（2025年1月）
No.115	ドイツ世話法等改正後の実情から学ぶ意義（2025年3月）

※1～83、85、91号は品切です。

お申込みはFAXまたはメールにて　FAX 03-5798-7258　Mail info@minjiho.com

実践　成年後見〔最新号〕から年間購読（年6回、年間購読料 10,300円（税・送料込））　　　部

■ 定期購読は書店では扱っておりません。直接弊社へお申込みください。
● バックナンバー（各税込1870円～2640円。※1～83、85、91号品切）

実践　成年後見No._____（号数をご記入ください）　　　部
実践　成年後見No._____（号数をご記入ください）　　　部
その他の書籍　　　　　　　　　　　　　　　　　　　　　部

・各号とも、書店でご購入できます。
・弊社へ直接お申込みの際は、送料が別途かかります（年間購読と同時に弊社へお申込みの場合は送料無料）。

送付先（〒　　　　）
住　所

事務所名　　　　　　　　　　　　　　TEL.（　　　　　　　　内　　　）
　　　　　　　　　　　　　　　　　　FAX.（　　　　　　　　　　　　）
氏　名　　　　　　　　　　　　　　　Email（　　　　　　　　　　　　）
（担当者名）　　　　　　　　　　　　（法人購入・個人購入）※○をお付けください。

個人情報の取扱い　ご記入いただいた個人情報は、お申込書籍等の送付および小会の書籍等のご案内等のみに利用いたします。

(実践116号)

最新実務に必携の手引

実務に即対応できる好評実務書！

2024年9月刊 新制度を所有者不明土地等の予防や活用のために上手に使いこなす"秘伝のレシピ"がここに完成！

所有者不明土地解消・活用のレシピ〔第2版〕
―民法・不動産登記法・相続土地国庫帰属法の徹底利用術―

第2版では、改正法施行後に実際に使用されている書式の記載例や実務の運用を詳解するとともに、相続土地国庫帰属に関する章（第8章）を新設し、承認申請の手続の流れと留意点、利用者の関心事である「却下事由」「不承認事由」「負担金」の考え方について精緻に解説！

中里　功・神谷忠勝・倉田和宏・内納隆治　著

（Ａ5判・581頁・定価 6,380円（本体 5,800円＋税10％））

2023年8月刊 令和5年4月施行の改正民法に対応して大幅改訂！

相続人不存在の実務と書式〔第4版〕

令和5年4月施行の改正民法下での相続財産清算人について、選任、財産目録の作成・提出をはじめとする相続財産管理の実務、弁済などについて書式を織り込み詳解するとともに、相続財産の保存のための相続財産管理人についてもわかりやすく解説！

水野賢一　著

（Ａ5判・358頁・定価 4,180円（本体 3,800円＋税10％））

2022年4月刊 民法（相続法）改正、遺言書保管法の制定に対応した新たな実務指針を明解に解説！

遺言執行者の実務〔第3版〕

遺言執行者の法的地位の明確化に対応し、遺言執行のみならず、遺言書作成の際の留意点、実務で注意を要する施行日と重要な経過措置を詳説！　新たに創設された配偶者居住権、自筆証書遺言の保管制度も解説し、最新判例も織り込んだ実践のための手引！

日本司法書士会連合会　編

（Ａ5判・353頁・定価 3,960円（本体 3,600円＋税10％））

2018年10月刊 相続の承認・放棄を上手に選択するために必要な基礎知識と申述方法等の概要を整理！

Q&A限定承認・相続放棄の実務と書式

相続の承認・放棄をめぐる各種手続に利用する書式を網羅的に登載するとともに、登記・税務、相続財産・相続人の破産、渉外相続などの関連実務にも言及しているので、弁護士、司法書士など相続事案にかかわる実務家の必読書！

相続実務研究会　編

（Ａ5判・323頁・定価 3,850円（本体 3,500円＋税10％））

発行　民事法研究会

〒150-0013　東京都渋谷区恵比寿 3-7-16
（営業）TEL. 03-5798-7257　FAX. 03-5798-7258
https://www.minjiho.com/　info@minjiho.com

最新実務に必携の手引

実務に即対応できる好評実務書！

2025年4月刊　「そこが知りたかった！」の声に応える実務家垂涎の書！

事例で学ぶ民事信託の悩みどころと落とし穴
―法務・登記・税務の視点から―

経験豊富な弁護士・司法書士・税理士の英知を結集して、実務で議論されている論点をさらに掘り下げるとともに、議論が未成熟な論点についても設例に即して指針を提示！　押さえておきたい裁判例・登記先例・税務通達を整理し、明瞭に分析した関係者必携の1冊！

海野千宏・金森健一・菊永将浩・根本雄司・谷口　毅・鈴木　淳　編

（Ａ５判・412頁・定価　5,280円（本体　4,800円＋税10％））

2025年4月刊　端的に『医師法』と題する定番書の待望の最新版！

医師法〔第3版〕―逐条解説と判例・通達―

医学生の臨床実習や共用試験の規定、医師の働き方改革や電子処方箋に関する諸規定など、令和7年4月施行までの最新の法令等と書式を収録して改訂増補！　医師法の抽象的な条文に施行令・施行規則・判例・行政解釈を織り込んで解説した医療関係者や法律実務家の必携書！

平沼直人　著

（Ａ５判・299頁・定価　4,400円（本体　4,000円＋税10％））

2025年4月刊　従業員の起こした不祥事から企業の社会的信用を守るノウハウが満載！

従業員の不祥事対応実務マニュアル〔第2版〕
―リスク管理の具体策と関連書式―

第2版では、近年増加しているパワハラ・セクハラ等各種ハラスメントやコミュニケーション手段の多様化によるチャット・ＳＮＳ等のトラブル、公益通報、懲戒解雇ほか、従業員に関連する主要な裁判例を追加収録！

安倍嘉一　著

（Ａ５判・334頁・定価　4,400円（本体　4,000円＋税10％））

2025年3月刊　各目的財産に応じた手続を流れに沿って解説し、豊富な書式・記載例を充実！

書式　債権・その他財産権・動産等執行の実務〔全訂16版〕
―申立てから配当までの書式と理論―

令和5年施行の民事訴訟法や資金決済法などの改正等を踏まえ改訂増補！　実践的な手引書として裁判所関係者・弁護士・司法書士をはじめ、金融機関やサービサー会社、各企業の債権管理・回収担当者に活用されている信頼の書！

園部　厚　著

（Ａ５判・1,179頁・定価　12,100円（本体　11,000円＋税10％））

発行　**民事法研究会**

〒150-0013　東京都渋谷区恵比寿3-7-16
（営業）TEL. 03-5798-7257　FAX. 03-5798-7258
https://www.minjiho.com/　info@minjiho.com